课本里的《论语》

李山 著

中信出版集团 | 北京

图书在版编目（CIP）数据

课本里的《论语》/ 李山著 . -- 北京 : 中信出版社 , 2019.11（2023.6 重印）
ISBN 978-7-5217-1028-1

Ⅰ . ①课 Ⅱ . ①李 Ⅲ . ①儒家②《论语》– 青少年读物 Ⅳ . ① B222.2-49

中国版本图书馆 CIP 数据核字 (2019) 第 198508 号

课本里的《论语》

著　　者：李山
出版发行：中信出版集团股份有限公司
（北京市朝阳区东三环北路 27 号嘉铭中心　邮编　100020）
承 印 者：北京通州皇家印刷厂

开　　本：787mm × 1092mm　1/16　　印　　张：17.25　　字　　数：230 千字
版　　次：2019 年 11 月第 1 版　　印　　次：2023 年 6 月第 4 次印刷
书　　号：ISBN 978-7-5217-1028-1
定　　价：58.00 元

目录

第一讲

学而时习之

学而时习之，不亦说乎？有朋自远方来，不亦乐乎？人不知而不愠，不亦君子乎？

——《论语·学而》

学习的问题

《学而》是《论语》的第一篇，这段文字表面好像没有什么难的，但是问题却不少，譬如说“学而”这两个字的含义。为什么这一篇要叫作《学而》呢？

古人编书的时候，编成了之后卷成一卷儿捆上，就叫作一卷。可是捆起来之后怎么知道里面的内容呢？内容多了之后怎么找呢？于是古人就在竹简的外面做一个标记，标记就选用这一卷开头的两个字，写在竹简的外侧，《学而》就是这么来的。这样你看到“学而”就知道这一卷的内容是什么了。后代的人给文章取标题，都是以标题为中心去阐发理论和抒发感想，但是在《论语》的时代，这种方法很少，所以“学而”作为这一章的标题也仅仅是因为它是这一章开篇的两个字而已。

《论语》开篇第一个字就是“学”，《学而》这一篇讨论的就是学习的问题。学习在人的精神建设、内在文明的建设方面是很重要的，一切都要从学习开始。那么，“学而”是什么意思呢？

“学”，宽泛地说就是学习，但古人所说的学习有两个意思：一个是“效”，“学者，效也”，也就说学习就是效法的意思；另一种说法是“学者，觉也”，意思是学习就是觉悟和觉醒。这两个意思所指的是学习的不同阶段。我们学习任何事物，都是从观察、模仿开始，而模仿到了一定的程度以后，自己掌握了其中的要领，就知道应该怎么做，也就是所谓的“觉”了。

比如说练习书法，首先要看字帖，而学习数学，要看老师演练，然后去模仿、再模仿，最终就会形成自己的方法。因此说，学习的过程是由效法到觉悟的过程。

“学而时习之”是说学了之后还要“时习”，那么“时”又是什么意思呢？

“时”就是按时的意思。朱熹在《四书章句集注》中说，学习了就要时时复习或者时时操练。他在这里用了“时时”这个概念，而清代有人认为他这么说不对。因为中国语义学发展到清代的时候，有了归纳法，就是将所有先秦的相关文献找来，寻找“时”在上下文中的意思，而在《论语》那个时代，“时”还没有时时刻刻的意思，只是“按时”的意思。比如说，庄子在《庄子·秋水》中说“秋水时至，百川灌河”，这里的秋水实际上指的是夏天的山洪，意思是山洪按照时节到来，百川灌满了水。这里的“时”就是按时的意思，所以清代人认为“学而时习之”的“时”也是按时的意思。

“习”又是什么意思呢？“习”的意思就是复习、练习。学习到的知识要巩固，就要操练它。所以你在上学的时候解开了一道数学题，老师会让你再做几道。因为想要掌握任何知识都需要反复练习。因此，这里的“习”就是复习、练习的意思。实际上，它还包含有“实践”的意思。

“学而时习之，不亦说乎？”这里的“说”怎么读“悦”（yuè）呢？这实际上涉及汉语汉字的发展。

先秦时期，心悦诚服的“悦”字还没有出现，都是用“说”字来代替。所以在读古汉语的时候，你会发现有时候“说”字还会被读成“脱”（tuō），或者“兑”（duì）。这就是假借现象。在这一句中“说”读成“悦”，表示发自内心地高兴。实际上孔子所说的“学而时习之”是指当你模仿一个事物到对它豁然贯通的时候，就会发自内心地高兴，这是一种学习的现象。

“有朋自远方来，不亦乐乎？”“不亦乐乎”的意思是：“不也是很快乐的吗？”在这一句之中加入一个“亦”字，就好像还有另外的事情也会让人快乐。我想大概当时有人问孔子什么是人生快乐。问的调门很高，孔子就从最基本的事回答，这就是孔子和他的儒家之道。高调门儿的东西固然重要，但是得从最基本的事做起。

“人不知而不愠”是什么意思？在过去有两种说法：一种是指我给别人讲道理可别人总是听不懂，我就会恼怒，这种解释并不妥当；另一种其实是《论语》所涉及的自我境界的问题，以我为例，虽然我教书很多年，但别人并不认识我，我去参加学术会议别人也不知道我，这时我就开始对他“愠”，整个学术会议期间，只要他说话我就和他过不去，这就是“愠”，是恼怒。因此在这一句的下文里说“不亦君子乎”，意思是人家虽然不知道我，但我不恼怒，难道不也是一种君子的行为吗？这里就提出了君子和小人的分别：别人不知道你，你就变得恼怒，那么你就是孔子眼中的小人。做人，有很多志向高远的事，可是控制好自己的情绪，却是人生功夫的下手处。连这一点都做不好，其他“君子”之道，也就不要说了。所以“不愠”这句话，看起来很平淡，细想想却挺可怕：不愠，是君子；愠，就是小人（没出息的人）。刹那之间，君子小人就有分别，不是很应在意的吗？

北宋程子（程颢和程颐兄弟）读《论语》的时候曾经说过，《论语》有两种读法：一种是读完之后与我不相干，该骂街还是骂街，该恼怒还是恼怒，这样的话就算读一百遍也没有用；而另一种读法是“切己”，什么是切己呢？就是将《论语》和自己的生命、生活联系起来读，这样就会让你明白是非。用这种读法读了《论语》，你会知道“人不知”而“愠”是小人的行为，“不愠”才是君子的行为，这就影响了我们的生活态度。所以，《论语》是切己之学，它不是讲宇宙是什么，人生是什么，而是要告诉我们如何做才是正确的。

学习、交友、自处

在这一篇之中，我们应该注意它其实是说了三个重点，第一是学习的问题，第二是朋友的问题，第三是如何自处和与他人相处的问题。

在第一个学习的问题中，我们要注意的是快乐学习。而在第二个朋友的问题中，你要注意“有朋”这两个字。在古本之中，有的写作“有朋”，也有的写成了“友朋”，这就是涉及朋友的问题，当它是友谊的“友”时，实际上指的还是朋友，但在这里我想指出一点，西周时期的学者所指的“友”是指亲兄弟，代表亲兄弟手挽手的意思。“朋”的原始含义也很有意思：两串玉并排地串在一起，就叫作“一朋”，在《诗经》之中提到周王赏赐百朋，实际上指的是一种货币，但后来它的含义变成了两个人并排站立，就有“小哥俩关系很密切、很好”的意思。总之，在《论语》之中，“有朋”也好，“友朋”也好，所指的都是朋友的意思。我们之所以将它提出来，是要明确这种关系是从亲兄弟发展而来的，亲兄弟从小一起长大，血肉相连。在中国的语言体系之中将它的含义进行延伸、推广，一直延伸到就算不是一个妈生的我们也可以像亲兄弟一样亲密，这就叫作朋友。

第二个问题谈的是交朋友的问题。在《礼记·学记》里有这样的话：“独学而无友，则孤陋而寡闻。”人活在这个世界上，只是自己一个人学习、自己去体会是不够的，心得、体会都需要去交流和碰撞，只有这样学习才能够进步得更快。所以我们为什么需要经常参加学术会议、浏览网页、了解同行的看法？就是

要想维持好朋友的关系，就需要保持距离。这是哲学判断，还是伦理判断？都不是，它只是对生活的一种观察，对经验的一种积累。

要以交朋友的心态去学习。朋友是将兄弟之间的情感推移到社会上，而朋友和兄弟又有所不同，朋友是以道义相切磋的。儒家认为交朋友不是狐朋狗友一起吃吃喝喝、做坏事、结团伙，而是以道义相切磋。所以《论语》和儒家其他文献都讲兄弟关系是越走越近，但朋友关系不是，"朋友数，斯疏矣"。因此，有朋自远方来是快乐的，但是整天来往、频繁地来往，就会疏远了。这也告诉我们一个道理，要想维持好朋友的关系，就需要保持距离。这是哲学判断，还是伦理判断？都不是，它只是对生活的一种观察，对经验的一种积累。我们常看到两个人形影不离，但关系不会太长久，因为兄弟、亲戚关系往往都是越走越亲厚，而朋友未必如此。《论语》所揭示的这种道理，需要我们用很多年去体会，它说的不是一个必然性的判断，而是生活中慢慢观察总结出的规律。所以，我们读《论语》，不必求一次就搞明白，有的时候《论语》是存在心里的，突然遇到一个问题，会想起夫子曾经说过这个道理，让我们明白朋友之间要保持距离，因为朋友和兄弟毕竟不同，朋友是以道义相合的，情感可以越走越厚，而道义则不一定。

孔子博学的故事

孔子是一个善于学习并且博学的人，我们所了解的孔子出身并不高贵，却获得了那么高的声望，博学便是他获得这一切的基础。在《左传》《国语》等文献之中，都有关于孔子博学的史料记载，其中有三则非常重要。

第一则史料讲述的事发生在鲁国。孔子五十岁的时候，鲁国的执政者是季桓子，他在挖井的时候挖出了一个类似瓦罐的东西。《国语·鲁语》记载："季桓子穿井，获如土缶。"这个像瓦罐的东西之中，装着一个像羊又像狗的东西，鲁国权贵季桓子看到之后很奇怪，就向孔子请教。孔子说这是羵羊。这个故事讲述的或许是一次无意识地"考古发掘"（挖井），得到了一件地下的文物。因为山东一带自远古以来就有很多历史积累，大汶口文化、龙山文化等都发源于此，地下有很多文物。而孔子见到这样意外发掘出来的文物，就可以说出个道道来，可见他确实博古通今。

第二则史料讲述的事发生在吴国。孔子生活的时代是春秋时期，诸侯争霸已经进行到了末期，中原的霸主都已经疲累了，而吴国、越国还在争斗不休，这一带也就是今天的江苏和浙江。吴越争霸的过程中，吴国占据了上风，侵吞了越国的都城。吴国在挖掘的时候，挖出了很多巨大的人骨，长有好几尺，一辆车才能放一节骨头。吴国人都不知道这是什么，越国人也搞不懂怎么回事，最后就派遣了使者到鲁国来询问孔子。孔子听了来人的讲述之后，立刻就说出了这些巨人骨的来历。孔子虽然也没有见过巨人，却能说出其中的缘由。这个故事虽然不辨真假，但也说明了孔子博闻强识。

第三则故事的可信度更高一些，它发生在陈国。据说孔子周游列国的时候来到陈国，天上飞来一只鸟儿，掉落到地上之后，人们发现它的腿上扎着一支箭，箭上有"肃慎"两个字。这箭从何而来，众人无从得知，陈国国君就向孔子请教。孔子说，当年周武王灭商之后建立了周王朝，遥远的北方有一个叫作肃慎的民族，他们向周王室进贡过箭杆。陈国国君命人到档案馆里一查，果然有这样的记录。

这三则故事都出自《国语》，其中有些故事可信，有些不可信。如果我们只从故事的层面去理解，可能会觉得它是假的，是神话。如果超越了故事层面，我们会发现这是因为人们将孔子的博学神化了。

围绕着孔子的博学，还有很多属于那个时代的离奇传说，虽然只是故事，但本质上所包含的内核则是大家对孔子博学的敬仰。

好学的孔子

孔子曾经说过“吾少也贱”，意思是说他出身卑贱，而他后来之所以能取得那么大的成就，靠的就是博学。

孔子的父亲原本是一个地位低下的没落贵族，在他两三岁的时候就已经去世了。他的母亲辛苦抚育孔子长大，使他依靠博学而崛起。在《论语》之中，孔子说过：“十室之邑，必有忠信如丘者焉，不如丘之好学也。”这句话的意思是说，哪怕只有十户人家的小村庄，也可以找到忠信如我的人，但是我和他们的不同之处便在于好学。

孔子像

卫国有一个人叫作孔文子，他曾经和孔子打过一些交道。孔文子做过一些很不地道的事，譬如逼迫一个叫太叔疾的人休掉妻子，然后将自己的女儿嫁给他，可是太叔疾并不甘心，又将原配夫人接回来一起生活。孔文子看到很生气，就想要攻击太叔疾，还问孔子应不应该这么做。当时孔子周游列国，已经到了晚年，他看到孔文子要生乱子，便说“危邦不入，乱邦不居”，立刻就离开卫国。孔文子死后，有人还给了他一个谥号“文”。谥号是中国古人在人死之后起的称号，大多是用好词，而在中国古代用“文”作为谥号的都是很高贵的人，譬如周文王，还有曾国藩被叫作曾文正，范仲淹被叫作范文正。卫国人将这样一个好字给了孔文子，孔子的学生子贡正是卫国人，他就很纳闷，便问孔子：这样一个人给他“文”字是不是有点过分？孔子却说：孔文子这个人虽然有缺点，但他敏而好学、不耻下问，当得起这个“文”字。关于这个故事，《论语》之中有记载。在孔子看来，敏而好学、不耻下问是非常好的品质。

一个人独处的时候情绪是无所谓的，和别人相处的时候就需要磨合、碰撞。我们在这个世界上应如何自处？一个内心真正强大的人，绝对不会随意发火、吵架、耍大牌。

从这个故事之中，我们可以发现孔子非常推崇好学这个品质，甚至有“一白遮百丑”的意思。孔子向来激励学生要好学，可是要让他们学习什么呢？对此，他在《论语》中也有论述。有人问：学生有好学的吗？孔子说：颜渊就很好学，他的好学表现为不迁怒、不贰过，但不幸短命死去了。有人觉得孔子这么说，是认为活着的学生都不够好学，死了的才好学，但其实这是他对其他学生的反激励。我们应该注意他提到颜渊好学时所强调的学习内容：不迁怒，意思和不愠是一样的，表示能自控，强调自知者明、自胜者强；不贰过，意思是同样的错误不会犯两次。自胜是一个内心修养的问题，它并不是说左手打了右手，左手能力就强，因为能力上没法自胜，你还是你。但是用理性战胜自我的情绪，用人性战胜自我的动物性，用内心的秩序战胜混乱性，这就是自胜。一个人独处的时候情绪是无所谓的，和别人相处的时候就需要磨合、碰撞。我们在这个世界上应如何自处？一个内心真正强大的人，绝对不会随意发火、吵架、耍大牌。这其中的学问，需要我们学习一辈子。

六言六蔽

关于学习，《论语·阳货》之中还有另一个说法，那就是六言六蔽。

> 子曰："由也！女闻六言六蔽矣乎？"对曰："未也。""居！吾语女。好仁不好学，其蔽也愚。好知不好学，其蔽也荡。好信不好学，其蔽也贼。好直不好学，其蔽也绞。好勇不好学，其蔽也乱。好刚不好学，其蔽也狂。"

这段话是什么意思呢？它是说：子路啊，你听过六个字和六种弊端吗？"六言六蔽"的"蔽"就是弊端的意思，灵活解读，就是六种品质和六种毛病之间的关系。"好"并不是指自己的喜好，而是指偏向什么。孔子认为每个人都有自己天生的气质，所谓"好仁不好学"，意思是天性偏向厚道，这种人如果不学习就会流于愚蠢，会被人愚弄。一个厚道的人，如果不学习，就不知道怎么去武装自己的厚道，提升自己的厚道，就会变得愚傻，最后如同愚人。

一个人聪明、灵活，如果不能通过学习对自己这种天生的气质进行琢磨、塑造、雕琢，就会经常出现“荡”的毛病。什么叫作荡呢？无视操守、不守原则、要小聪明就是荡。认为自己做了什么事别人看不出来，今天一件，明天一件，久而久之就将自己“做进去”了。聪明人“好信不好学”，一个人讲义气，说话“言必信，行必果”，反而会惹来麻烦。因为孔子在“言必信，行必果”之后还有一句话，叫作“硁硁然小人哉”，“小人”未必是缺德者，而是指社会下层的人，这并不是说他们地位低下、官职不大，而是形容他们不开化、死心眼。跟了一个大哥，大哥说什么就信什么，愚昧地讲信用，就会给自己惹来麻烦。

因此，孟子后来也说过“言不必信，行不必果”，还有一句“惟义之所在”。意思是说如果我说的话是错误的，那我可以说话不算话。《论语》之中也有这样的说法，“信近于义，言可复也”，意思是你讲信用是道义的，我的言语才可以实践、落实，说错了就不要那么做，别“硁硁然小人哉”。这就是讲信用的人如果不学习、不觉悟，也会出现毛病。

人生来没有坏气质，各种气质都是好的，重要的是你要对自己的气质加以雕琢，从而形成对自己气质的驾驭能力，而要想拥有这种驾驭能力，就是要学习。

“好直”中的“直”，是指正人之曲，实事求是。“好直不好学”就会不知道怎么利用这个直，你给人的印象就会变得偏激。“绞”是指尖刻、刺人，意思是虽然我们现在比较陌生，但我说话直接、尖刻、实事求是。见了一个满脸青春痘的女孩，就直接说你怎么长这么多青春痘，见了一个身高不高的人，就直接说你怎么这么矮。这样说话虽然是实事求是，但会伤人，这其中缺少了体会别人感受的考虑。所以，学习就是在社会中学习很多为人处世的原则，喜好勇敢而不知道如何处置自己的勇敢，没有自我把控的能力，就会犯上作乱。狂傲、刚直的人如果不好学，虽然知道如何坚持真理，但不知道自控，就会变得狂妄。

从这段话中我们可以发现，人生来没有坏气质，各种气质都是好的，重要的是你要对自己的气质加以雕琢，从而形成对自己气质的驾驭能力，而要想拥有这种驾驭能力，就是要学习。所以，《论语》改造我们什么？就是改善、完善我们自然的品质，将这种品质上升为人格，这就是所谓“成人教育”。成人教育不是让成年人补学大学课程，而是“教我们真正成为一个人”的教育，这是《论语》对学习非常精准、精微的论述。也许是我孤陋寡闻，我去考察了其他一些民族关于学习的论述，从未见过孔子所提到的对品质的雕琢、驾驭、提升这样独到的说法，这就是《论语》中我们可以看到的“学习”。

孔子与柏拉图学习观对比

我常想：如果《论语》是柏拉图写的，他会怎么论述学习的问题？会将学习放在开篇的位置上吗？从这个问题出发，我想将孔夫子和与他同级别的圣贤做一下比较。

柏拉图一生都在写作，他以苏格拉底的名义写了《对话录》，通过柏拉图的文字我们也看到了他关于学习的观点。他曾经以苏格拉底的口吻讲过一个故事，他说：学习不是一个向外模仿的活动。因为一个没受过教育、不识字的奴隶，给他一道几何题，然后将解题的条件告诉他，这个奴隶就能说出正确的答案。借助苏格拉底的口，柏拉图认为学习是一种唤醒，在人的头脑中有全能的知识，我们只是用这个条件唤醒它，就算学会了，所以学习不是一个向外模仿的过程。

实际上，你阅读柏拉图的文字，会发现他讲了很多关于人的知识。柏拉图认为人曾经在天上，和神生活在一起，或者说人本身就是神，是全知全能的。有一天，人犯了错，就被打到了地上，过去全知全能的东西就都忘记了。所以，学习就是激活这个记忆，这种说法见于柏拉图早期的《对话录》中，后期又有所变化，他认为学习不只是回忆起来，而是激活我们的学习能力，这是一种心灵的转向。

柏拉图和孔子是有区别的，我们很少看到孔子会有类似的说法，孔子也不会认为人曾经是神。关于柏拉图的观点来源，很多学者也在讨论。在读儒家经典的时候，我们也不能死读书，因为它是世界民族文化遗产的一部分，进行比较就会发现孔子论学习，并不是玄虚的。而柏拉图所强调的是理性，是人有一种天生的认识能力需要去激活。

向自身开战

学习是《论语》开篇中很重要的一个问题，也涉及我们如何改造自身。“朋友”是这一段中另一个重要内容，它告诉我们交朋友要道义相合。一个人要不断地学习，还要不断地与人切磋，用今天的话来说就是要有点儿人脉。《论语》说过“工欲善其事，必先利其器”，你想要完成一件事，就需要朋友帮助，就像俗语说的“一个篱笆三个桩，一个好汉三个帮”。如果缺少了道义相合的人一起去做，就很难有所成就。这也要求我们要打开心扉，不要自以为是，要不断学习，要观察我们的同行、同辈和前辈。孟子说过“尚友古人”，意思是我们要和遥远的古人在精神上成为朋友，这也是读书学习的要义。朋友关系也是人伦，我们要像对待亲兄弟一样对待自己的朋友，还要注意交友的分寸，做到敞开心胸对待朋友，就像子夏曾经说过的那样“四海之内，皆兄弟也”。我们不能因为别人的肤色和我们不一样就视他为异类，“城邦之外，非神即兽”的想法是不对的。两千多年前，儒家就提出了广交朋友的忠告，“四海之内，皆兄弟也”就是全世界的人都是朋友，这是一种很敞亮的思想。我们立身于这个世界，会有一种预设，将所有人都视为敌人、坏人，或者将所有人都视为精神交流的对象。这个态度是不一样的。

“人不知而不愠”是第三个重点。有一个禅宗的故事说：老牛拉车的时候走得很慢，赶车人是打车还是打牛呢？当然，谁都知道打牛才是对的。而“人不知而不愠”所说的则是后续要发愤图强，要努力，要反思自己做得不够。像比尔·盖茨或者乔布斯，在如今的社会中人人都知道他们，那是他们做得足够好、足够努力。因此，《论语》说“不患人之不己知，患不知人也”，意思是不要担心别人不知道我们，而是应该努力了解别人。当然，这并不是要求你浪得虚名、弄虚作假，而是要你踏踏实实地去做。所以说“人不知而不愠”之后还藏着一个后续动作，就是“反求诸己”，自己去努力，去做好。

这就是《论语》第一篇中告诉我们的三个道理。虽然我们不能说它概括了《论语》全篇的意思，但我总觉得孔子的学生在编《论语》的时候可能是将最重要的话放在了开头，或许这是他们无意识的行为，但我们也能从这一段中感受到很深厚的意韵。

《论语》的特点是“言简而意丰”，它没有哲学判断，也不会大命题套着小命题，它不是在以一种向外求知的方式去灌输道理，而是在“切己”。儒家的学问就是向我们自身开战，向我们身体中的非理性开战，向我们的愚昧、保守和狭隘开战。

第二讲 吾日三省吾身

曾子曰："吾日三省吾身：为人谋而不忠乎？与朋友交而不信乎？传不习乎？"

——《论语·学而》

曾子三省

古人有一句俗语“曾三颜四”，所指的是“曾子三省，颜渊四勿”，也就是曾子说的“三省吾身”和颜渊说的“非礼勿视，非礼勿听，非礼勿言，非礼勿动”。

这一段文字涉及的人物曾子，是孔子晚年的一个学生，出生于现在的山东嘉祥。“曾”姓出过许多著名的人物，他们的祖先可以追溯到夏代贵族统治的小鄫国。春秋时期，鄫国被灭，他们的族人就到了鲁国，去掉了“鄫”字的耳刀旁，姓了“曾”。

曾子在儒家有很高的地位，关于他还有几则有趣的故事。

第一个故事是说孔子去世之后学生们都很怀念他，有人发现一个叫有若的学生言谈举止特别像孔子。于是子夏、子游、子张等人就想

曾子像

让有若假扮成孔子的样子。但曾子却坚决反对他们这么做，《孟子》记载了曾子当时所说的话：

江汉以濯之，秋阳以暴之，皜皜乎不可尚已。

意思是说我们的老师孔子是无人可比的。在众人想要制造一个偶像的时候，唯独曾子保持了理智。这件事其实涉及儒家的发展方向问题，如果有人假扮成孔子，儒家就会走向宗教方向，所以曾子的行为意义重大，也因此被特别记载在《孟子》中。

另一件事记载在汉代刘向所著的《说苑》中，刘向在这本书中分门别类地记载了很多儒家的典故。据记载，曾子穿着破衣烂衫在农田里耕地，别人都说孔子的高徒怎么会去种地呢？那是因为曾子不会为了富贵而谄媚当权者。鲁国的君子曾经想要请曾子出仕，还准备给他一块封地，并且很客气地对他说：我给你一块封邑，你把身上破烂的衣衫补一补吧。可是曾子却拒绝了他。鲁君不死心，又给他送去东西，还是被曾子拒绝了。使者就劝他说：先生啊，这不是让你去求人，是别人主动给你，你为什么不接受呢？曾子说："受人者畏人，予人者骄人；纵子有赐不我骄也，我能勿畏乎？"意思就是拿人手短，我接受了别人的东西，就要敬畏他。纵然鲁君只是为了帮助我，让我穿上好一点儿的衣服，他虽然并不骄傲，但我心中还是会有愧疚。所以曾子不愿意接受别人的赠予而丧失自己人格的完整。

曾子身上有孔子所传承下来的鲁国儒生的特点。儒学在发展过程中分出了八九个流派，其中高蹈派就是坚守自身原则的一个派别，他们不和权贵合作，只是依靠教书、传道来生活，因为他们知道与权力合作必然会委曲求全、牺牲自己的原则。除了曾子之外，孔子还有一个高足叫原宪，他也是过着困苦的生活，不厌糟糠，只为保全自己完整的人格。这一点和后世的隐士很相似，虽然隐士遵行的是道家的原则，但是在维护自身内在的趣味方面，又和儒家很相近。以曾子为代表的山东儒家，很值得后世尊重。

曾子的学生中有一个叫吴起的人，他和曾子不同，立志要改造世界。改造世界就必须先改造思想，所以吴起带领一批人到了现在山西一带，辅佐魏文侯、魏武侯，将儒家救世的思想转化为对法术的坚持，最终通过变法在战国时期成就了一番事业，推动了历史的进步。遗憾的是，最后这些人中有的连个囫囵尸首都没有留下。

儒家的后期发展非常复杂，所以有人说起它的时候，我们应该首先分辨：是孔子时代的儒家还是后世的儒家；是山东的儒家，还是去闯荡世界的那批儒家。它们之间有很大区别，不可混淆。

曾子持身谨慎

曾子是一个持身谨慎的人，孔子曾经评价他说："参也鲁，师也辟。""参"就是曾参，也就是曾子，"鲁"，意思是说曾子并不是一个机灵的人，也许他学识渊博，但是因为很有自己的准则而显得鲁钝不堪。"师"是孔子的另一个学生子张，他的名字叫作颛孙师，"辟"是指他的个性总是走偏，总是和别人反其道而行。曾子也曾经说过子张这个人"堂堂乎张也"，是指他长得高大，但是"难与并为仁"，意思是说很难与他合作去推行仁道思想。

孔子对曾子的评价是“鲁钝”，在儒家思想的传播过程中，曾子却是最讲孝悌之道的一个人。《论语·泰伯》这一篇讲道：

> 曾子有疾，召门弟子曰：“启予足，启予手。诗云，战战兢兢，如临深渊，如履薄冰，而今而后，吾知免夫。小子！”

这段话的意思是：曾子生病到了最后关头，就将门人和弟子都召集过来，对他们说“打开我的手，打开我的脚，我这一生做人小心翼翼，总像临着深渊一样机警，如同踩在薄冰上一样警惕。但是从今以后我就要去另一个世界，我知道自己可以免于刑戮。在这里，战战兢兢、如临深渊、如履薄冰都引自《诗经·小雅》。曾子所说的话代表了中国人对“身”的哲学理解。佛教认为身体是臭皮囊，是欲望的、肮脏的，是需要摆脱的，在现实生活中我们要摆脱的是世俗，在生命之中我们要摆脱的是轮回，只有抛弃了这副肉体才能达成这个愿望。但是儒家却提倡修身，虽然我们的身体有动物性，但只要用人性管理了动物性，就是修身。

曾子所说的“吾日三省吾身”有一个孝道观念在其中，因为他认为我们的身体并不属于我们自己，它是从远古代代相传相生才到了我们的手上，所谓“身体发肤，受之父母”，既然是受之祖上就不能毁伤它。因此，一个人持身严，就是要珍惜自己的身体，所以曾子才说自己“战战兢兢，如临深渊，如履薄冰”，正是因为他谨慎、警惕做人，所以才没有毁伤自己的身体，他才会在临死前要求弟子打开自己的手脚看看，到那一刻他知道自己再也不会犯错了，即便是见到祖宗的时候，也可以将这个身体完整地交还。

珍惜身体与修身的概念既是中国特有的文化，也是儒家独有的文化。现代社会面临很多社会问题，为了保障社会安全，不管我们坐地铁、火车还是飞机都要进行安检。这一刻你就可以想到儒家的训诫，因为身体发肤受之父母，所以我们没有权利毁坏它。

中国文化从来都不鼓励恐怖主义，以自己的身体作为武器去伤害他人是违背古老的中国文化的。

中国文化从来都不鼓励恐怖主义，以自己的身体作为武器去伤害他人是违背古老的中国文化的。现在恐怖主义是全世界都面临的问题，有些文化认为恐怖主义行为是光荣的，但中国人不会那么认为。曾子持身严格就是中国人逻辑的基本体现，如果一个人连自己的身体都不尊重，那他还能尊重什么呢?

《礼记·檀弓》中还记载了很多曾子生病期间的事，其中有一个故事：曾子病倒之后，晚上弟子都点了烛火守着他，这时他忽然发现自己铺的席子华美而且有光彩，那是鲁国的贵族赠送的礼物。曾子觉得这不是他死的时候应该铺的席子，就急忙叫人换了席子。等到席子换完，曾子才咽下最后一口气。虽然这个故事表面上看起来莫名其妙，但我们也可以从中看出曾子持身谨慎到了什么地步。他对自己的身份很在意，认为自己的身份不足以享受这样的待遇，哪怕是生死关头也要遵守原则换掉它。这不仅是尊重自己的身体，也是一个人自重、重他的表现。

曾子的言论

《论语》之中记载了不少曾子的言论。《论语》开篇是孔子的话，第二篇是有若的话，第三篇就是曾子的话。对于这种排序，有学者认为与有若和曾子在孔子去世之后的地位有关。

在《泰伯》这一篇之中，曾子曾经发表自己对君子品格的看法，他说：

可以托六尺之孤，可以寄百里之命，临大节而不可夺也，君子人与？君子人也。

这段话的意思是，君子是可以在老皇帝去世前托付幼子的人，他要辅佐这个孩子学习治国、身担大任。君子是可以将一个地方治理得井井有条的人。在国家面临大事的时候，可以成为中流砥柱。这样的人才可以被称为君子。明英宗御驾亲征，北伐瓦剌却惨遭俘虏。瓦剌军将明英宗带到北京城德胜门前，以此来勒索明朝官员。官员们见此情形乱成一团，都没了主意，纷纷想着逃跑去南京避难。这时只有于谦站了出来，他调集军队，并且倡导再立一位君主，稳定了民心，这就是曾子所说的“临大节而不可夺”。有些人学了很久儒家学说，可是到了国家有难的时候，只能做一个“带汁诸葛”——诸葛亮分为三种，事前、事后还有只知道流眼泪、鼻涕的，最后这种就叫“带汁诸葛”。

曾子还说过：

士不可以不弘毅，任重而道远。仁以为己任，不亦重乎？死而后已，不亦远乎？

这段话的意思是：作为一个有文化、有志向的人，要心胸宽广、意志坚定。因为我们的肩头责任重大，推行仁道这条道路极为艰难，至死也做不完，所以应该死而后已。这些话在中国文学史、语言史之中都是掷地有声的格言。

从曾子的言论之中我们可以看出曾子的个性，孔子说他“鲁”，其实这是指一种坚硬、宏大的个性，是任凭风吹雨打、岁月流逝也不会改变的个性。在中华民族的历史上，正是因为这种人发挥的正能量，才启发了后人，振奋了民族精神。这种性格也是我们读《论语》时应该去学习的。

曾子和孔子谈话的时候，还曾经表达过自己对“恕道”的看法。《里仁》之中，孔子对曾子说：我有一个一以贯之的道，你知道是什么吗？曾子回答说：知道。孔子走了之后，那些心怀疑问的同学就问曾子孔夫子说的究竟是什么。曾子说：“夫子之道，忠恕而已。”对待朋友、事业和这个世界的时候尽己之能就叫“忠”，答应别人的事尽己所能去做，不问成败，也叫“忠”。而“恕”就比较难做到了，当别人对不起你的时候，你还为他找理由，这就是恕道。一个人是否是一个忠诚的人，大家一起生活几个月就可以看出来，但恕道却不容易被察觉。就像我在北师大上课，有时候会在路上遇到半生不熟的朋友，我准备和他打招呼，他却没有搭理我。这种尴尬的情况大家曾经都遇到过，这种时候有人会想“你瞧不起我”，或者觉得“我怎么得罪你了”。但懂得恕道的人则会替别人着想：也许是他心里有事，所以才充耳不闻、视而不见。当你用这种方式来处理人与人之间的关系时，你成就的是你自己。如果你因为别人没有搭理你而胡思乱想，对方其实什么都不知道，只有你自己生闷气。

这就是关于曾子的一些观点、言论。在读曾子这些话的时候，我们也可以让自己的想法和《论语》不断碰撞。

言忠信，行笃敬

“吾日三省吾身，为人谋而不忠乎？与朋友交而不信乎？传不习乎？”这里的“日”就是每天的意思。而“三”并不是三次，也不是三条。“三”的意思是再三、不断，反复提醒自己在这几方面是不是尽心尽力了。清代有一个自学成才的学者叫汪中，他有一篇文章叫《释三九》，这里的“三”就是指多次。其他譬如“三令五申”也是表示多次的意思。“三省吾身”的“身”指的是自己的身体，它包括肉体和精神，包括人性和动物性，也包括心理和灵魂，在这些方面我们都要不断反省自己。

“为人谋而不忠乎”，意思是为别人出主意、想办法的时候我是不是尽心尽力了，这就是所谓的忠。朱熹对“忠”字解释得非常好，他说：“尽己之谓忠。”后来对忠道的解释出现了局限性，认为忠于君主才是忠。其实，忠的本意是尽己，是守住自己该做的本分。对于君主本身，也是要讲究忠的。在《曹刿论战》之中，曹刿问鲁庄公凭什么打仗，鲁庄公说自己祭祀神灵的时候贡献好的礼品，从不虚报夸大数字，对身边的大臣也经常施舍，这都是他打仗时的底气。但曹刿认为你只是施舍一部分人，对于神灵的祭祀也没有多大的意义。鲁庄公又说：我不敢说自己所有的官司都断清了，但在民事诉讼方面尽力按照实情去断案，不徇私舞弊。曹刿说：这就是你尽到了君主的本分，是“忠之属也”，可以一战。在孔子前后的时代，忠并不是对谁忠诚，而是守本分，尊重自己应当尊重的原则，这就是忠。

“传不习乎”这句话过去有两种解释，一种认为是老师教导我的，另一种认为是我传授给学生的。因为《论语》的语言都是片段式的，上下文意思少，所以对语义的约束性不强，需要我们灵活理解。我认为在这些问题上不必过于死板。一般认为将我教导学生的称为“传”，对这些内容是否温习了？是否熟练掌握了？这其实涉及我是否有敬业的态度。敬业乐群是儒家的一个观点，学生要离经辨志就要先读经典，将所有的句子都读通，而后还要敬业乐群，要忠于自己的职守。这三者都是讲忠信之道。

在《论语》之中，“忠”这个字出现了好多次。《子罕》篇之中，孔子说“主忠信”，意思是以忠信为主导，这是做人做事不变的一条原则，忠于原则，尽己所能。“信”是指说话算数，而且必须要有一个“义”字把着，说的话不仅要算数还要符合“义”。譬如我答应帮别人做一些事，说到就要做到，极少数特殊情况下诺言不合道义，这就涉及做人的问题。我们人类为什么要结成社会，而不是像老虎一样单打独斗？那是因为野兽的生存能力强，人类在原始社会和这些狼狮虎豹相比都是弱者。可是人类有聪明智慧，我们结成了群体，通过协作来获得生存。忠信的原则需要我们每个人都在各自的职守上各尽其职、讲信用，否则的话社会就无法维系。虽然不忠信并不会构成犯罪，但是会瓦解社会。在一个不忠信的时代，人们做事的成本会变高，因为失去了信用会带来额外的成本。不忠信的社会是没有良心的社会，而社会的良心需要慢慢培育，让每一个人都明白忠信的可贵，你今天不忠信可以得逞于一时，而后恶果必然会反弹到你身上，如果人人都不忠信，就会成为人食人的社会，所以孔子才倡导“忠信”。

在《颜渊》篇中，子张问崇德辨惑，孔子也说“主忠信，徙义”。“徙义”就是指以忠信为主，朝着正确的方向不断努力。在《卫灵公》篇中，子张又问一个人应该如何行为，孔子还是说“言忠信，行笃敬”，意思是一个人说话算数、讲忠讲信，行为踏实、恭敬，就算你到了蛮夷之邦，也能够吃得开。但如果言不忠信、行不笃敬，就算乡里乡亲、妯娌之间，你也吃不开。子张在听完这些话之后深感宝贵，他手上没有纸和竹简，就赶紧把它记在自己的衣服上。“言忠信，行笃敬”就是孔子的精神。

“为人谋而不忠乎”是要求我们反省，“与朋友交而不信乎”是要求我们忠信，“传不习乎”则是教导我们做事的方法，要“行笃敬”，意思是教导学生之前我必须自己先熟悉、掌握，不能现学现卖。在和平时期没有战争和饥荒，所以显不出人格来，在和平时期最大的操守就是要讲忠信，要讲敬业，只有做到这两点你才能将事情做好。而反省则会让我们在社会中成为一个有价值的人，让你的“股价”变高，不会成为“垃圾股”。

在和平时期最大的操守就是要讲忠信，要讲敬业，只有做到这两点你才能将事情做好。

“三省”实际上承认了人有一种自我反省、自我检讨的能力。一个人总是犯懒、吊儿郎当，他的内心之中也知道这样不好，但仅仅知道是不起作用的。按照儒家的意思这就是“良知不做主”，良知“放假”去了，缺乏了反省的能力。可见反省是一种超越功利的能力，在我们犯懒、不讲忠信、自私的时候，唤醒我们的良心。

如果大家对儒学的发展了解更多一些，就会知道孟子提倡一种善性，到了王阳明时期就提倡良知了，但这两种东西的根源都藏在《论语》之中。我们要用良知来审核、监视那些非良知的东西，这就要求我们一方面要讲忠信、敬业，做一个有价值的社会人，在另一个更深的层面上，我们每个人都要用良知检讨自己模糊的是非，检讨自己的苟且之情。到了孟子的时代，这个理念被重点提出，而王阳明对它又进行了进一步提升。

“三省”实际上承认了人有一种自我反省、自我检讨的能力。

这段文字之中我们看到两层含义，关于儒家那种超越功利的是非之心、德性之心。“三省”并不是曾子率先提出来的，因为孔子生前曾经和宰我发生了关于“三年之孝”的争论，宰我认为三年孝太长，根据万物生长的自然周期，一年万物就更新了，老人去世后一年守孝就应该告一段落了。但孔子却说这件事不能问自然，也不能问别人，而应该问你自己是否心安。此处的“心安”就是指良心，是检讨我们的功利心、苟且心。所以读《论语》的时候，我们还可以将它作为一个人格建设的过程，照着去做，就是切己和审视。

总而言之，这一段在无形之中承认了人有一种超越自我的良心，类似佛教所说的第三只眼看自己、检讨自己。我们俗话也常说“摸着胸口想想”，这就是让是非之心给你做主。这告诉我们一种方式，每天像过电影一样回顾自己所做的事，就会让我们进步，让我们的人生境界稍微高一点，这就是“三省吾身”这一篇给我们的启示。

每天像过电影一样回顾自己所做的事，就会让我们进步，让我们的人生境界稍微高一点，这就是“三省吾身”这一篇给我们的启示。

第三讲

贤贤易色

子夏曰："贤贤易色；事父母，能竭其力；事君，能致其身；与朋友交，言而有信。虽曰未学，吾必谓之学矣。"

——《论语·学而》

孔子与子夏的切磋

《论语·学而》这一篇的“贤贤易色”章，实际上讲的是学习的问题，涉及几个伦常问题。

我们发现这段文字中涉及的人物没有孔子，只有子夏，由此可以判断《论语》的成书。它是由孔子的学生和学生的学生渐次完成的。因为“子夏”的“子”是表示尊重的意思，实际上指代的是老师。

我们读《论语》的时候要关注其中出现的人物，因为孔子创立儒学之后，是通过他的学生以及后代去慢慢发展的。子夏这个人在儒学的传播过程中颇有地位，在《论语》之中他出现了很多次，《论语·先进》篇里谈到孔子的学生分为四科十哲，所谓四科是指德行科、言语科、政事科、文学科。其中德行科的代表人物有颜渊、闵子骞、冉伯牛、仲弓，言语科的代表人物有宰予、子贡，政事科的代表

子夏像

人物有冉有、季路，文学科的代表人物就是子游、子夏。这里所说的文学和现在的文学一词含义不同，大致所指的是文献、典章，包括各种文字形成的典籍。而子夏作为文学科的代表人物，对各种经典的理解有他独到之处，所以后来很多儒家的经典都号称经过子夏传，譬如汉代的《诗经》学派就自认由子夏所传。

《论语·八佾》篇中谈到孔子和子夏一起切磋《诗经》。在《诗经·卫风》里有一篇叫作《硕人》，描写的是一个齐国女子嫁到了现今河南安阳的卫国，卫国人看到新娘子长得漂亮，就写诗赞美她“巧笑倩兮，美目盼兮”，后面还有一句“素以为绚兮”，但后世的版本中这一句丢掉了。“兮”是一个感叹词，所谓“巧笑倩兮”是指她面目生得好，一笑就有两个酒窝，显得俏皮活泼，有生机。而“美目盼兮”是指她双眼黑白分明，显得顾盼生姿。后面的一句“素以为绚兮”意思是说她天生丽质，不用再施以脂粉。

子夏看到这里，就问孔子：“何谓也？”孔子随口就回答说：“绘事后素。”意思就是说这个新娘子天生就很美丽，底子好就不用描眉画眼，只要一笑就灿烂无比。这里的“后素”和现代汉语中的语言逻辑不同，“素”在后面，意思是“后于素”，意思是画画之前有一个素底。这段对话涉及一个文化常识：在春秋时期，出现了赋诗言志现象，在正式外交场合人们用诗词来传情达意，表达自己对事情的看法和观点，所以引起人们对《诗经》一些句子的关注。从《硕人》这首诗来看，表面是写新娘子很美，子夏难道看不懂吗？他却问孔子“何谓也？”而孔子的回答也是从象征性角度，说明要有一个好底子，才能做到巧笑倩、美目盼。

孔子回答子夏的提问是一个语义学范畴的事，而子夏对此则有突破性的见解，他说：“礼后乎？”“礼”是人类特有的行为，见人鞠躬、作揖是一种文化，代表了人类的文明。而礼之后呢？这里的“后”和

"后素"是类似的，所以子夏的问题是我们人类有自己的礼仪和文化，是因为自身的底子好。当问题谈论到这个阶段，已经不再是语义学范畴的事，而是上升到了哲学范畴，是关乎人类的文化从何而来，为什么人类能创造文化的问题。说到这里的时候，无形之中就产生了人和动物的比较，为什么动物不能创造自己的文化呢？灵长类的黑猩猩虽然知道抓耳挠腮，某些动作还可以模仿人类，但它不能创造文化，而只能通过训练来刺激出一种特定的反应。马戏表演和演员的表演并不是一回事，因为人类有更好的底子，人类的一切文化都是源自我们的人性，儒家对此做出了自己的哲学判断。我们阅读《礼记》等后来的儒家文献，会发现"天地之间人为贵"等理论，因为人类创造了自己的文明。虽然孔子并没有明确说出这句话，表面上他只是在谈论一首写美人的诗，但他说明了语义学象征意义的同时又向前跨越了一步，提出了一次"美质"的人性论。我们了解儒学，会发现《论语》之中有很多"线头"，人类比动物、植物高明，就是因为人性的部分，儒家的人性论也就在这里面。《中庸》提出"天命之谓性"，现在很多人解释这句话都认为是老天爷给了我们人类人性，这是不对的，老天爷也给了我们动物性，还特别给了我们超出动物性的人性。因此"天命之谓性"的意思，准确地说是指老天单独给我们人类的"人性"。沿着这个单独给的"人性"走，才是"率性"，才是人生的"道"，即正路。儒家谈人性都通过比较的方式来谈的。所以"天命之谓性"这句话，是不包括我们身上的动物性的。

在《论语》中，这是仅有的一次谈及这个问题。当孔子和子夏谈完这段话之后，孔子浑身一震，说："起予者商也！始可与言《诗》已矣。"意思是你启发了我，我可以和你谈论《诗》了。孔子在《论语》之中有两次赞美学生，一次是赞美子贡"告诸往而知来者"，是说他能够联想、跨越；另一次是说子夏启发了自己，可见真正突破性的命题未必是老师提出来的，而这也是孔子对学生教学的具体情境。《论语》中描述子夏的语言还有很多，像“博学而笃志，切问而近思，仁在其中矣”。博学的同时还要志向坚定，知道自己应该追随什么，不应被所学的知识干扰。“切问”就是贴着问题实实在在地提问，不断思考，仁道就含在其中了。

顾炎武曾经撰写过一部重要的著作叫《日知录》，这是顾炎武的代表作。“日知”这个词从哪儿来的呢？就是《子张》篇中所记载的子夏的一句话“日知其所亡，月无忘其所能，可谓好学也已矣”。意思是我们每天都应该知道自己缺什么，每个月都不要忘记长进，先知道自己缺少什么，然后去补足，并且要不断巩固，不能像狗熊掰棒子，掰完就丢。顾炎武的《日知录》的书名正是从此而来，很雅致，也很有学问。子张还曾经说过“仕而优则学，学而优则仕”，这话曾经一度被认为是孔子说的，但其实是他的学生所说，只不过其中的观点是孔子的观点。在儒门之中，孔子办学并不是纯粹地研究知识，他想提供一批精英去改造这个社会。

我们每天都应该知道自己缺什么，每个月都不要忘记长进，先知道自己缺少什么，然后去补足，并且要不断巩固，不能像狗熊掰棒子，掰完就丢。

据说，孔子曾经说自己内心不畅快的时候、想问题想不通的时候，就让子路和卜商陪着他。卜商就是子夏，可见子夏是一个比较敞亮的人，可以在孔子想不通的时候陪伴他、开解他。这个故事虽然不知真假，但也可以看出老师并不是一味地教育学生，师生之间是可以相互浸润、滋养的。

子夏其人

子夏在文献之中也留下了一些很有意思的故事，他这个人有几个特点，首先就是抠门。

有文献记载，孔子在周游列国的时候，遇到了下雨天，孔子没有带伞，所以就不好意思出门。他身边的学生只有子夏带伞了，孔子就嘀咕：子夏这个人，这把伞他自己都舍不得打。你若向他借伞，如果他借给你，必然会心里难受；如果他不借给你，其他同学肯定说他。那怎么办呢？那就只好不出门了。

还有一个故事，说的是子夏晚年丧子，哭得眼睛都瞎了。曾子就骂他说：你肩负着传播夫子大道的重任，怎么能把眼睛哭瞎呢？子夏晚年在现今山西地区传道，当时魏文侯争霸，子夏做过他的老师。所以曾子认为他哭瞎自己的眼睛，在讲课的时候就不能说清哪些观点是来自老师，这是欺师。就像现代人做学术，引用观点时必须注明出处，在古代也是一样，观点来自老师就必须要说明，否则就是不尊重老师。子夏听到这些话后幡然悔悟，一再表示：我离群索居太久了，是我的错，我应该敞开心胸。

在《论语·雍也》篇中，孔子也曾经提醒过子夏，说“女为君子儒，无为小人儒”。意思是你要做君子儒，所谓的“君子儒”就是孔门儒。“儒”在孔子时代是帮助别人在婚丧嫁娶时襄礼典礼的，这些人都彬彬有礼。但孔子却希望在这个职业之外，造就一批有改造世界意识的人来传播文明，所以这批人就是君子儒，和只管婚丧嫁娶典礼混口饭吃的小人儒区别开来。这里的“小人”并不是指坏人，而是指那些没有志向、守着职业混生活的人，而君子儒则需要担当道义。这是孔子对子夏的期待，事实上子夏也差不多做到了。

在《史记·儒林传》中还记载了子夏的一个故事，说子夏跟着孔子出门，看到外面的世界非常繁华，就觉得上学没意思。可是回到孔子家里听老师讲道，又觉得很有意思。出门、回来时想法有变化，就是内心之中的两个“我”在交战。所以孔子就对子夏说：你怎么瘦了？子夏回答说：我并不是吃了减肥药，也不是晚上不吃饭减肥，而是这两天特别忙，因为我内心中两股力量在斗争，所以把我弄得很瘦。可见子夏这个人是非常有个性的。

子夏是传播儒学过程之中带学生最有成绩的一个，魏文侯就是他的学生。子夏到西河传经的时候遇到魏文侯，魏文侯就问他：我在听古乐的时候昏昏欲睡，听流行音乐的时候就兴奋，这是为什么呢？子夏就跟他解释了古典音乐和流行音乐各自的长处与短处。子夏的学生中有很多都成为早期法家的人物，但也有人坚持传播经典，到秦汉时期很多经典的传播都和子夏有关，所以子夏在儒门中有很重要的地位。

我们说了这么多子夏的故事，就会发现儒学不是知识体系，也不是概念体系，它是个人的哲学，可以造就一个个活泼的生命。

家国和忠孝

原文之中的第一句“贤贤易色”的释义向来很有争议。“贤贤”就是把贤者视为贤者，是尊重贤人的意思。但“易色”这两个字就有点儿麻烦了，一种传统的解释是更换色的标准，另一种解释认为“易”不是换掉，而是轻视的意思。依照后一种解释，“贤贤”就是重贤轻色，这就造成了很多争议。对于这个争议，我们先且搁置在一边。后面说事父母要竭尽全力，要竭忠尽智，对父母没二心，不能有所保留，这是孝子的天职。儒家认为养有两种：一种是犬马之养，就是养体；而另一种则是养心。《孟子》之中曾经讲过曾子在侍奉他的父亲曾皙的时候就是养心，家里做了好吃的，只要他的爸爸问“还有没有”，不管是否真的有，他都会回答“有”；如果是老人吃剩下的东西，就一定问他这些东西赏给哪个吃，他说赏给哪个就给哪个，这就是养心。等到曾子老了之后，他的儿子养他，凡是他问是否还有东西可吃，儿子都说“没有”；他吃剩下的东西，儿子也是愿意给谁就给谁，从不征求他的意见，这就是养体。《论语》认为人养了狗和马并不会让它们挨饿，但养自己的长辈不能像养狗和马一样，“不敬，何以别乎？”所以“事父母，能竭其力”，实际上就是要求养体的同时还要养心，要真诚，要竭尽其力，这是人伦。

“事君，能致其身”是说侍奉你的上级时，能将自己全身心地交出去。国家有了危难，你不能交出自己，便不是忠臣。所以事父母是孝道，事君是忠道，联系很紧密。中国有句老话，叫作“忠孝不得两全”，因为忠和孝经常发生矛盾。但还有一句老话叫作“移孝作忠”，在《孝经》中也说“求忠臣于孝子之门”。

《论语》第一篇里说：

> 有子曰：“其为人也孝弟，而好犯上者，鲜矣；不好犯上，而好作乱者，未之有也。君子务本，本立而道生。孝弟也者，其为仁之本与！”

这段话的逻辑就是好的家庭会诞生出好的社会分子，“其为人也孝弟”，就不会犯上作乱、顶撞上级，这并不是说不向上级提出真正有建设性的建议。如果在家里不尊重长辈、父母，外出就会作乱，这个作乱并不是革命，而是打砸抢、耍流氓。这段话的言外之意就是所谓“求忠臣于孝子之门”，所以在有子这段话中，我们可以看到一个中国文化的逻辑，就是强调要造就好的社会分子不能脱离家庭培养，孝子之家出忠臣。

如果我们对比《柏拉图全集》，会发现它里面的谈话就不是这么讲了。比如说有一次柏拉图和苏格拉底对话，谈到了雅典公民应该在哪儿接受教育以成为合格公民的问题，柏拉图断然否决在家庭中接受教育，认为在日常状态下待在家里的人只有两种人，一种是妇女，一种是奴隶。妇女在古希腊的法律里只拥有不完整的人格和法权，而奴隶全无法权、人格。这样的环境怎么能造就出具有完整人格的希腊公民呢？如果家里只有女人和奴隶，那么男人去哪儿了呢？在古希腊日常生活状态下，男人都不在家里待着，他们都在广场上去谈论政治、军事、经济、文化和艺术，谈论所有这一切。这是古希腊的一个现实，很多男孩都要跟在成年男人身边，在那里听、看、观摩，听他们怎么说服人，也就学会了修辞术。所以西方逻辑中讲教育孩子获得完整的人格就要让他到社会中去，社会可以造就好公民，合格的希腊公民在广场上，中国人的生活主要在家庭，所以《孝经》认为一个成功的人必然会带来家族的荣耀。中国人生活的核心在家庭，而希腊人的核心在公民圈子，也就是俱乐部式的，这种痕迹到现在也非常明显。这是两种文化人群生活方式结构的不同。所以说“事父母，能竭其力；事君，能致其身”暗含了一种源于中国文化的家国、忠孝之间的关系。

中国人的核心在家庭，而希腊人的核心在公民圈子。

人伦关系中的信

我们读经典，无外乎两个目的：一是从中学习知识，二是从中获得指导我们做人的方法。《论语》中有很多的观点至今都不过时，譬如做一个有品格的君子，被人家批评的时候不恼怒等，也都是现代人需要的生活态度。而这其中还有一些中国文化的基本逻辑，是需要深入分析对比才能理解的传统文化。

“贤贤易色；事父母，能竭其力；事君，能致其身”说明了我们的人伦关系，在家里父母是我们的长辈，在外面君主是我们的长辈，我们还有平辈和晚辈，平辈的朋友之间交往要注意言而有信，这涉及忠信之道。“信”这个字在《论语》之中还有一句话要特别注意，“信近于义，言可复也”。这是说讲信用的前提是要符合道义，符合道义的事哪怕我吃点儿亏都没问题，但如果我答应你的事是错误的，就要注意“信近于义”，否则无“义”作为基础，就成了愚信。中国古代有一个关于尾生抱柱的故事叫作“魂断蓝桥”，和英国电影《魂断蓝桥》同一个名字，中国的蓝桥是在陕西。这个故事说的是一个叫尾生的人和一个女子约好在桥柱子那里相见，可是那女子放了他鸽子，结果女子没有来，洪水来了。但他没有去躲避，还是抱着柱子在那里等，结果就被淹死了。尾生是讲信用的，但儒家认为讲信用之上还要有一个道义的原则，所以孟子才说“言必信，行必果”之外还有一个层次，那就是“言不必信，行不必果，惟义之所在”。孔子也说过“言必信，行必果”是“硁硁然小人哉”，讲信用固然是好的，但如果认死理就会变成小人。这里的小人没有贬损、骂人的意思，而是指社会下层的人。和朋友交往要有信用，如果他没有读过书，“吾必谓之学矣”，如果能做好这几件事就是人生的大学问，这又强调了儒家的学问是一种生命的学问，它不是数理化，不是学写作文，而是学习做一个人，做一个对社会有价值的人，一个正派的人，一个有人格的人，一个有理想、情操的人。从这段话中，我们可以学习到儒家的“学”是指孝悌、忠信。

在前面我们说“贤贤易色”是一个难点，唐代以前的学者认为这句话是要求我们看待问题的时候要知道尊贤，不要取色。到了宋代，学者都说这段话所指的意思并没有那么宽泛，只是说择偶的问题，它是说择偶要重贤德，不要非要取色。在语境之中看待宋代学者的看法，也有一定的道理，因为前文讲择偶要有一个明智的标准，之后是说怎么和父母相处，怎么和君臣相处，怎么和朋友相处。所以推断“贤贤易色”是说我们和自己的配偶相处的标准也能说通。

因为《论语》的编纂有很多不周全的地方，当时的学生将老师最感动他们的言论记录了下来，并将它结集成书，并没有照顾到千年之后的人们是否看得懂。有些事情和话语前无铺垫后无交代，飘过来一句话只能在具体的情境之下才能被理解，所以造成这句话有了两种解释：一种是宽泛的尊贤轻色，另一种是指择偶标准，总之这两种解释都是可以的。如果让我去选择的话，我可能会采取第二种方式，这实际上是讲一个人处理各种近身关系的原则，与配偶、父母、朋友和事业相处的时候，都要尊德行。

我们将这一句话重新翻译一遍，它说的是：尊重贤德要超过重美色，侍奉父母要真心诚意，侍奉君主要在关键的时刻交出自己，和朋友日常交往要言而有信，能够做到这几点的人就算没有读过书也认为他是有学问的。

侍奉父母要真心诚意，侍奉君主要在关键的时刻交出自己，和朋友日常交往要言而有信。

学习的态度

这一篇说的是子夏对学习的态度，巧合的是《论语》中也有一段话表述孔子对学习的态度，在《论语·学而》中孔子说“弟子入则孝，出则悌，谨而信，泛爱众而亲仁。行有余力，则以学文”。这是一种名为“互文”的修辞手法，指的是年轻人回家要知道尊敬自己的父母兄长，出门要知道尊敬长辈。“谨”就是谨言慎行，少说话、讲信用，能够爱大众、亲近仁道。能够做到这几点的人如果有余力，就读一些书。孔子强调读书，是因为学习知识才能了解天地之间更加广阔的东西，这一点和子夏不同，子夏是抓住了大端就可以不顾其他。可见孔子说话要更加周全一些，但也更难一点。

总而言之，他们都非常重视学习，这里的学习实际上是指学着做一个有品格的君子，通过教育来造就这种人。《论语》的儒家思想对教育的肯定有它的可取之处，这种思想延续到现在也都不过时。以上就是我们对“贤贤易色”这段的分析。

第四讲 己所不欲，勿施于人

子贡问曰：“有一言而可以终身行之者乎？”子曰：“其恕乎！己所不欲，勿施于人。”

——《论语·卫灵公》

子贡其人

这一篇之中涉及的人物子贡是孔子四科十哲中言语科的代表人物，也就是孔子弟子之中最善于说话的人。

说话虽然很简单，除了哑巴之外，只要嗓子没问题的人都会说话，但是善于辞令的人并不多。《论语》教授学生说话，是强调一种学以致用的才干，掌握了这样的才干就可以用辞令来应对事物。

在《烛之武退秦师》这个故事之中，晋文公和秦穆公率领军队围困了郑国，郑国就派遣了一个使臣烛之武，让他顺着绳子翻过城墙找到了秦穆公，将这场战争的利害关系分析了一番，秦穆公听了觉得很有道理，就撤军了。言辞的力量可以抵得过军队，这就是辞令的厉害之处。孔门儒学在这方面最突出的人就是子贡，所以子贡也

子贡像

非常善于外交，《史记·仲尼弟子列传》记载，子贡依靠自己的外交才干出使外国，保卫了鲁国，安定了邦交。虽然有学者认为这样说有点儿夸大，但在《左传》之中也记载了类似的事情。鲁哀公时期，孔子已经年迈，他的弟子有很多都活跃在鲁国政坛。当时正逢吴国争霸，吴国的国君非常傲慢，经常欺辱小国的国君。鲁国的执政者季康子惧怕这个霸主，如果要去见吴国国君，就必须要让子贡陪着自己，才能确保不失尊严，这就是子贡的本事，也是他在整个孔门中的特点。

除了外交才干，子贡还善于经营，是一个天才的商人。春秋时期，中国的私有手工业和商业非常发达，而子贡作为卫国人，出生于今天河南安阳地区，这里的经济非常繁荣，从商代以来有千百年繁荣的历史，在如此环境的浸润下，他的经济头脑很发达。

在《论语·先进》篇之中，孔子曾经感慨说："回也其庶乎，屡空。赐不受命，而货殖焉，亿则屡中。"意思是颜渊学道学得差不多了，但是总受穷，可端木赐（子贡）不受命。这里的不受命有几种不同的解释：第一种是说他不接受我的命令，我不让他做买卖，他不听话；第二种解释是他敢于不受穷的命；第三种解释是没有经过政府的任命，是私商。春秋战国时期，商业大发展，那个时代中国经济蓬勃发展的程度超出我们的想象，所以这三种说法都有可能。但是我觉得第一种说法的可能性最小，因为孔子说"亿则屡中"，意思是子贡做生意让财富增值，而且他判断什么赚钱都很准确，这是一个商业天才。但是颜回做生意总是亏空，比如说他要卖猪，羊就贵了；他要卖羊，猪就贵了；他要猪羊全卖，骆驼就贵了。孔子虽然感慨他并不擅长这件事，却也没有因此将他逐出师门，真正被逐出师门的人是冉有，因为他为季氏敛财。

聚敛之臣冉有

在儒家思想之中，最反感的就是聚敛之臣，如果你读《大学》就会看到这样的观点：国家宁有盗臣，不要有聚敛之臣。所谓的盗臣就是贪污犯，国家出几个贪污犯都不可怕，而出了利用政策来搜刮民财来“充实国库”的人则会导致普遍的贫困，会让民族发展后劲不足，这才是最可怕的。

儒家在经济学上的考量并不多，但主张藏富于民，所以对这一点的态度很严肃。当冉有为季氏敛财的时候，孔子就说：季氏家族比周公还要富有，冉有还在敛财，“非吾徒也。小子鸣鼓而攻之，可也”。这就是孔子对冉有下的逐客令。如果学生只是做生意，孔子只会表示感慨，对颜回表示惋惜，对子贡表示欣赏而已。

善问且孝的子贡

子贡这个人非常聪明，在《论语》之中也有很多记载。《颜渊》这一篇之中讲到子贡问什么是政治，孔子说：“足食，足兵，民信之矣。”一般学生问到这个答案就满足了，但是子贡却又追问：“必不得已而去，于斯三者何先？”意思是这其中不得已要去掉一样，应该先从哪一个下手呢？孔子说：可以没有军队。但是子贡却又问：“必不得已而去，于斯二者何先？”意思是如果要去掉第二样会是哪个？孔子说：可以没饭吃。然后孔子加了一句：“自古皆有死，民无信不立。”意思是你不要再问了，如果没有了信用，你的政治也就站立不住了。在春秋时代，如果失去了人民的信任，国君的统治便不能维系。

《春秋》记载，梁国的国君总是虐待自己的百姓，后来百姓逃跑，敌军还未开战梁国就溃败了，秦国轻而易举就捡了好处。在和平时代，信用的重要性似乎并不显眼，但到了战争时期就会显露。孔子和子贡的问答就像是拉锯一样，一来一回，就将国家政治必须要取信于民的道理说清楚了。

子贡通过提问来获得老师的答案，他的问题都是聪明的，所以在儒门之中，他和孔子的关系很深。孔子晚年时，经历了丧子、丧学生的痛，失去了颜渊、子路。经过几次打击后，七十多岁的孔子也走到了人生尽头，他晚上做梦，感觉自己要死了，所以早上起来就拄着拐杖唱歌，说山要倒、树要秃。子贡一听就觉得不对劲，果然孔子告诉他：我差不多了，你们做好准备吧。

子贡依照孔子的指示做好了准备，有人问他孔子死后学生应该怎么行孝，因为颜渊去世的时候，孔子是以父亲的身份不穿孝去给颜渊吊丧的，所以子贡觉得学生应该将孔子当作父亲一样来守孝，但是不穿孝服，叫作“心丧三年”。孔子去世之后，大家在他的坟前庐墓三年，三年结束之后才陆续离开。而子贡在大家各奔东西之后，又守了三年孝。现今曲阜的孔林还有一棵树叫作“楷树”，据说它是子贡带回来的，可见子贡是一个有情有义的人。

尊师重道

孔子去世之后，子贡财富“巨万”，就是“亿万”的意思。《史记·货殖列传》记录了他有巨万之财，也就是有上亿的财富，可见子贡是进入富豪榜的。《史记》甚至认为是子贡让孔子的名声扬于后世，虽然有人认为这个说法有点势利，但我们由此可以知道儒家并不是主张大家一定要受穷，对于人的求富心理儒家也是承认的。

孔子晚年的时候，子贡在当时的国际舞台上已经崭露头角，所以有些人觉得孔子老年的福气来自学生，并且还认为子贡比孔子更加厉害。

有一个叫叔孙武叔的大夫就曾经公开说："子贡贤于仲尼。"孔子有一个并不在弟子籍中的学生是一个小贵族，叫子服景伯，他听说这件事之后就告诉了子贡。

子贡回答说：

> 譬之宫墙，赐之墙也及肩，窥见室家之好。夫子之墙数仞，不得其门而入，不见宗庙之美，百官之富。得其门或寡矣。夫子之云，不亦宜乎！

这段话的意思是说：这件事好像墙一样，我的墙很矮，只能到肩膀高，所以别人都能看到我家里有什么。但是老师的墙高达几十尺，别的人看不到里面有宗庙、百官房这样雄伟的建筑。而且能够进入老师门内的人又太少了，所以高墙挡住了他们的视线，他们就不知道老师的伟大。通过将自己比喻成一堵矮墙，子贡不仅对叔孙武叔的观点表示理解，同时也维护了老师。这就是为什么孔子去世之后，《史记》说扬孔子大名于天下者是子贡。

在《子张》这一篇之中，也记载了这件事：

> 叔孙武叔毁仲尼。子贡曰："无以为也！仲尼不可毁也。他人之贤者，丘陵也，犹可逾也；仲尼，日月也，无得而逾焉。人虽欲自绝，其何伤于日月乎？多见其不知量也。"

这段话的意思是说叔孙武叔诋毁了孔子，子贡说这是不对的，别人有点儿贤才就像是丘陵，可以跨越，而孔子就像是日月一样，是没法超越的。如果人和圣贤过不去，就是自绝于圣贤，却伤不到日月。只有这些不知深浅的人，才会这样不自量力。

这段话也同样适用于那些没有读过《论语》就诋毁它的人。虽然子贡对孔子的赞誉很高，如今的时代未必会认同，但我们也应该承认孔子的高明之处，而不是动辄骂古人，那样只会让我们忘记修身，不知道如何与他人相处了。

子贡是一个捍卫孔子的人，他没有因为自己富有了就忘记老师，这是良知。所以在儒门之中，有很多有趣味的人，像子贡、子夏、子路等人，他们龙象成群，是活泼泼的生命，在孔子的天棚之下展现出他们各自的生机。《论语》虽然不是要塑造什么人物，但通过阅读这些人的言谈话语，我们可以感受到他们鲜明的性格，这就是《论语》的文学性。

恕之道

当聪明的子贡问出“有一言而可以终身行之者乎”这个问题的时候，他是想知道有没有一个原则是可以让自己奉行一辈子的。而在这之前，作为孔子的弟子，他肯定也知道孔子和曾子之间的一段对话。孔子曾经问过曾子：我有一个一以贯之的道，你知道是什么吗？曾子说知道。于是，孔子走后弟子们就问曾子，孔子说的究竟是什么，曾子说：“夫子之道，忠恕而已矣。”

这里所说的“道”是指做人的原则，并不是指成就。曾子将孔子的原则概括为“忠恕”两个字，而喜欢刨根问底的子贡却想要寻找到一个可以奉行终生的字。孔子对此的回答是“恕”，“其恕乎”的意思就是应该是恕吧。但什么是“恕”呢？答案是“己所不欲，勿施于人”。现在学术界和读者普遍认为“仁”的标准有两个：一个是“己所不欲，勿施于人”，另一个是“己欲立而立人，己欲达而达人”，这都是关于恕道的。

说到恕道，我们顺便也可以说说忠道。三国时的王弼曾经解释过“忠”的意思是“情之尽也”，忠就是尽情。那什么是尽情？就是尽真情。忠道就是尽己所能，在古代要求人们忠于上级、君主，个人有个人的职守和准则，君主也要讲忠道，要全心全意忠于准则。忠当然也包括“为人谋而不忠乎”，要问自己帮助朋友的时候是否做到了尽心尽力。实际上忠道容易做到，所有人在社会中立身都需要干好自己的本职，要尽心尽力帮助他人。社会就是一个交错的他人的眼睛，所以我们每天出门都收拾自己的衣服和仪容，明确自己在他人眼中的位置。有人活了一辈子，工作、挣钱、盖新房、买新车都是为那个无形无相的场力所驱使。所以做一个忠诚者，不求别人的回报，但骨子里知道我在获得，在增加我的社会分量，这是一种表现或者标志。相对而言，这样的忠道是容易的。

但是恕道很难，因为你行恕道的时候别人不会知道。王弼是三国时期的天才哲学家，英年早逝——二十三岁就去世了。但他写了一大堆书，解决了很多玄学的问题。靠着这种天纵的智慧，他在解释《论语》的时候说什么叫作“恕”呢？就是“反情以同于物者也”。反情

> 社会就是一个交错的他人的眼睛，
> 所以我们每天出门都是收拾自己的衣服和仪容，
> 明确自己在他人眼中的位置。

是什么意思呢？就是将心比心、以己度人。

朱熹也曾经解释过忠和恕，他认为“尽己之谓忠，推己之谓恕。”这个恕字表面是宽恕的意思，是宽和地对待他人，而朱熹的“推己”和王弼的“反情”实际上是一个意思，大家对“反情”却很难理解。那么到底什么叫作“反情”呢，最简单的解释就是当对方做了看上去对不起自己的事情时，能够替对方找理由，这就是恕道。因为你替对方找理由了，就是宽容对方了。

在《史记》中有一篇《管晏列传》，这篇文章很妙，写的是管子和晏子。写管子的时候，并没有写他如何辅佐齐桓公，对他的政治、经济和文化活动也只是寥寥数笔带过，却着重写了管鲍之交的事。

管子曰：“吾始困时，尝与鲍叔贾，分财利多自与，鲍叔牙不以我为贪，知我贫也。”大概就是管子说：我（管子）年轻的时候曾和鲍叔牙一起做生意，赚了钱就往自己兜里多放，而鲍叔牙却不认为我贪心，因为他了解我家里穷。

“吾尝为鲍叔谋事而更穷困，鲍叔不以我为愚，知时有利不利也。”意思是说：鲍叔牙为我（管子）做事的时候总能够成功，而我为鲍叔牙做事总是做一件砸一件，反而将他弄得更加难堪。但是鲍叔牙并不认为我是个笨蛋，反而说这是流年不利，是客观原因。

“吾尝三仕三见逐于君，鲍叔牙不以我为不肖，知我不遭时也。”意思是说：我（管子）曾经再三地侍奉君主，却再三地被人家轰出来，鲍叔牙不认为我这个人天生没出息，因为他知道我的好时候还没有到。

“吾尝三战三走，鲍叔不以我为怯，知我有老母也。”意思是说：我（管子）打仗的时候曾经连连败退，但鲍叔牙不认为是我胆小，而是因为我家里有老母亲要养，忠孝难两全，为国家冲锋陷阵自己战死，我的老母亲就没人管了。在古代，忠臣和孝子之间要做出抉择，鲍叔牙认为管仲只是做出了自己的选择而已。

“公子纠败，召忽死之，吾幽囚受辱，鲍叔牙不以我为无耻，知我不羞小节，而耻功名不显于天下也。”意思是说：我（管子）和召忽一起侍奉公子纠，公子纠和公子小白（齐桓公）争位失败而死，召忽为主人殉节了，我却苟且活下来，转而去侍奉齐桓公，天下人都骂我无耻，但是鲍叔牙却说这不是无耻，这是不拘小节，我是要让自己的功名显赫于天下。最后，管仲总结了一句：“生我者父母，知我者鲍子也！”

过去很多人把管鲍之交视为朋友间深厚的交情，但我总觉得这里面有更大的大智慧，我们应该注意到这就是恕，为对方找理由。能替对方找理由从而宽恕，《史记》中这段文字写得很好，表面是写他们之间的交情，实际上写的是鲍叔牙之德。《史记》的作者最后也站出来说：“天下不多管仲之贤，而多鲍叔牙能知人也。”鲍叔的知人是原谅、体贴、替对方着想，是宽大的心胸。

生活中这种情况无处不在，我们和别人打交道的时候，要替对方找理由。比如我在北师大上班，我是文学系的老师，老张是历史系的老师，说熟也不算熟，在路上遇到后我准备打招呼，结果老张看到我了，却没搭理我，这种尴尬我们经常遇到。此时我们的第一反应是会嘀咕：呦，瞧不起我？我对不起你了？之后就会围绕这个念头焦灼不安，今天上午上班都没有魂儿。第二天见到老张，老张来打招呼，我却扭头就走了。注意，如果我这样做，就显得我狭隘，成了小人了。当对方做出貌似对不起你的事时，你要替他想想：老张是否有什么事让他焦心了？他虽然两眼瞪着你，却没看到你。这就是推己，就是反情于物、反情同物，是真正的原谅。甚至有时候对方有意要害你，你也应该替对方想想，他就那个思想水平，能怎么办呢？只好包容吧。

实际上，恕道是我们内心坚强的表现，恕道是在同我们内心的狭隘做斗争。老张今天没理你是无心之过，但你就围绕这个问题闹气，不管是一天、半天还是几个小时，实际上害了自己。第二天老张见了你，你却扭头走了，关系就会处坏，自己也受到折磨。所以，恕道不仅是内心坚强的表现，还关系到你的身心幸福。内心强大的人能够包容他人的过错，可以过得坦然，不会为了一点小事想不开。当你原谅了对方，实际上是原谅了自己。

这涉及一个哲学问题，就是“德福一致”的问题。《圣经·约伯记》中记载，大善人约伯很善良，结果家里人都死了，牛羊也丢了，财产也败光了，所以《约伯记》认为善人不得福报。但这其实是一个明显的悖论，哲学家康德就提出：我能不能打造一个哲学原型，让有德的人一定有福？如果外在地讲，永远都不能。做好人好事就能长寿，获得财富，子孙发达？这其中没有必然联系，反而是我们经常见到好人得不到好报，所以这种原型建立不起来。但是东方智慧之中的佛教和儒家有一个内在的建构方式，就是宽容、体谅别人，也宽容、体谅自己。就是别人给你罪受，但你不受，而且不是忍着疼说我没事，是真正地宽容，这就是一份德行。我们常常因为生活备受煎熬，内心失去了平静。恕道就是一份德行，让你获得内心的安宁和平静，什么是福？这就是福呀。一个人活得内心平静，这个福就大了。

孔子说“己所不欲，勿施于人”，马三立先生的相声里说过这样一件事：有个人身上长了虱子，他逮住以后看到旁边有个大胖子，就把虱子放在人家脖子上。大家听了哄堂大笑，因为这个行为荒唐，是

东方智慧之中的佛教和儒家有一个内在的建构方式，
就是宽容、体谅别人，也宽容、体谅自己。

使坏。但有一种事就算你是好人也难免不去做，那就是恶意揣测别人，别人貌似做了什么对不起我们的事，我们就会恶意揣测对方："瞧不起我？""我得罪他了？"这种时候我们应该问自己：你愿意平白无故得罪一个朋友吗？你不愿意，可是当你这样揣测朋友的时候，就是"己所不欲，专施于人"了。将虱子、灾害转移到别人身上，以邻为壑这种事情，我们都知道是缺德，但是有的时候我们不能原谅对方，我们不能替别人想想，就是狭隘，是内心不够坚强。

有一个不十分恰当的例子，大的城市都会有一个污水处理厂，所有的污水都流向它，经过它一番处理之后流出去的水就不至于那么脏了。我们强大的内心世界应该也有一种自我转化的功能，能宽容地对待别人，这种德行对自己、对他人都是一种福气，这样的人才具有真正强大的生命力。儒家思想中最了不起的现代价值就是宽容、包容，能理解、同情的内心，不管是佛教、基督教都在追求这一点，不论是古人还是现代人，建立坚强的内心世界就可以消除我们身上的戾气。当你走在大街上，别人不小心碰了你一下，你就立刻恶语相向、拳脚相加，这不就是中国人说的戾气吗？现在一些人闹戾气，为什么呢？原因就是不知道怎么去构建我们的内心世界，所以儒家是关乎内心文明建设的。

第五讲 各言其志

子路、曾皙、冉有、公西华侍坐。

子曰："以吾一日长乎尔，毋吾以也。居则曰：'不吾知也！'如或知尔，则何以哉？"

子路率尔而对曰："千乘之国，摄乎大国之间，加之以师旅，因之以饥馑；由也为之，比及三年，可使有勇，且知方也。"

夫子哂之。

"求！尔何如？"

对曰："方六七十，如五六十，求也为之，比及三年，可使足民。如其礼乐，以俟君子。"

"赤！尔何如？"

对曰："非曰能之，愿学焉。宗庙之事，如会同，端章甫，愿为小相焉。"

"点！尔何如？"

鼓瑟希，铿尔，舍瑟而作，对曰："异乎三子者之撰。"

子曰："何伤乎？亦各言其志也。"

曰："莫春者，春服既成，冠者五六人，童子六七人，浴乎沂，风乎舞雩，咏而归。"

夫子喟然叹曰："吾与点也！"

三子者出，曾皙后。曾皙曰："夫三子者之言何如？"

子曰："亦各言其志也已矣。"

曰："夫子何哂由也？"

曰："为国以礼，其言不让，是故哂之。"

"唯求则非邦也与？"

"安见方六七十，如五六十而非邦也者？"

"唯赤则非邦也与？"

"宗庙会同，非诸侯而何？赤也为之小，孰能为之大？"

——《论语·先进》

各言其志

《论语·先进》篇的“侍坐”章比较特别，因为它比较长，记录了师徒五人的一段对话。五个人群聊的内容是各自的志向，是一次验证心性的小考试。这段文字很有风采，但分歧也比较多。

第一段之中，出现了子路、曾皙、冉有、公西华，这其中将子路放在最前面，可能是因为他年纪最大，入师门的时间比曾皙还要早。有文献记载，子路比孔子小九岁，而且死在孔子之前。他是“卞之野人”，山东省泗水县古称卞，但“野人”并不是神农架野人，而是指居住在郊野的人。在古代“野”和“国”是相对的，国人和野人也就是不同的人，野人主要指当地的土著居民，比如白人进入非洲之后，非洲人就是土著，西方人进入美洲后，印第安人就属于土著。这些西周贵族，带着他们的从属，到当时的华夏各地建立邦国，他们在自己驻扎的地方换取一片要害之地，建立城墙，这就是所谓“国”。在“国”之外的附近地区还要划出一片地方，叫作“郊”。“郊”以外的广大地区，就是土著人群的生存空间，也就是所谓“野”了。对于这些土著而言，国和郊居住的都是新的闯入者，也就是那些新来的西周人。周代的统治者是闯入人群，可是到了春秋时期孔子办私学时招了一些所谓野人，都是一些没有受过教育的人。“有教无类”是孔子办教育的基本精神，这打破了过去贵族和贫民的界限。

记载子路第一次见孔子的时候打扮很有意思，他佩着宝剑，头戴野猪獠牙做的帽子。见到孔子之后，他发现这个城里人是个文绉绉、

而在国和郊就是新闯入者。

酸溜溜的老先生，就要“侵凌”孔子，而孔子“设礼仪以诱之”。子路这种人诚恳、淳朴，只要见到美好的东西，一服永服，心眼很实在，而他最后也死在心眼实在这个特点上。子路和人打仗的时候，帽带松开了，他说“君子之冠不可不正”，结果在正冠的时候被人打死了。

第二个人是曾皙，他是曾子的爸爸，他实际的名字应该是曾点，字皙。中国古人起名很有意思，“皙”的意思是面孔白净，而白皮肤总容易长雀斑，所以起名叫点。这个名和字之间有某种关联。

第三个人是冉有，他又叫冉求，是一个有才干的人。孔子晚年，冉有做了季氏的家臣，实际上掌握了鲁国的大权，但这个人却忘记了自己是谁，从政之后用各种理由乱搞一通，增加了民众的负担，帮助季氏敛财，所以孔子忍无可忍将他清理出门户了。

第四个人公西华，他善于外交。公西华善于典礼，在诸侯相见的重要场合，应该怎么鞠躬、作揖、迎来送往，这是他擅长的事。

冉有像

“侍坐”的意思就是陪着老师坐着，在古代的“坐”其实是跪着。在汉代的文学之中还可以看到老师讲课的时候，大家都是跪坐，在比较庄重的场合都是跪着。

孔子说“以吾一日长乎尔，毋吾以也”，这句话比较含蓄、谦虚。“以”就是因为的意思，“毋”就是不要的意思。这句话的意思是：我比你们大一两天，不要因为这个你们说话就犯难。“居则曰：‘不吾知也！’如或知尔，则何以哉？”意思是：你们平时总是说别人不知道自己的才干，假如有谁知道了，你们拿什么回报人家呢？这句话就是含蓄地说明我们来谈一谈将来有人知道你们了，用你们了，给了你们机会，你们要怎么办呢？老师这样问就想要知道你们是怎么想的，因为机会留给有准备的人，后面所有的回答都是围绕这个主题。

子路的回答

当孔子提出这个问题之后，有一个人立刻就站了起来，他就是子路。

> 子路率尔而对曰：“千乘之国，摄乎大国之间，加之以师旅，因之以饥馑；由也为之，比及三年，可使有勇，且知方也。”

“率尔”就是直率、坦率甚至有一些草率的意思，老师的话音未落，子路就“噌”地站起来抢答，可见他是一个非常率真的人，如同《水浒传》之中的李逵一样有赤子之心，但也显得比较粗鲁。“千乘之国”在春秋时代可不是一个小国家，“摄乎”是被挟持的意思。子路的回答是：如果我有一个千乘之国，哪怕它是被周围的国家挟持，哪怕它遭到外敌的侵犯，再加上饥荒，给我三年的时间，我也可以让它变得强盛起来。

子路首先选择了一个大家伙，而且还是遭遇了内外危机的国家，“加之以师旅”就是遭遇战争的意思，而“饥馑”就是遭遇了饥荒，粮食不收为饥，菜不收为馑。这样一个倒霉的国家，子路很有信心在三年的时间里解决问题，因为他有自己的方法，这个方法就是礼法，要让他们知道做人的方向和前途，知道文明。

通过子路的一番话，我们可以发现他的特点，他给自己加码各种困难：首先这是一个大国，其次它还遭遇了饥荒和战争，而子路“率尔而对”，早就已经胸有成竹，信心满满了。

听了子路的话之后，孔子的反应是：“夫子哂之。”“哂之”就是扑哧一声笑了，不仅有点儿不以为然，还带有讥讽的意思，因为在孔子看来子路的老毛病又犯了，所以这是提醒他想好了再说。因为孔子这一笑，后面的人也就不敢再贸然回答了，讨论也就被暂时中止了。

冉有的回答

孔子看到大家因为自己笑了而沉默，便主动问冉有：“求！尔何如？”意思是说：冉有啊，你怎么想的呢？冉有被点名之后，站起来说：“方六七十，如五六十，求也为之，比及三年，可使足民，如其礼乐，以俟君子。”

冉有的答案是：方圆六七十里的国家，或者再小一点，五六十里的国家，等到三年的时候，我可以让老百姓吃饱饭，至于礼乐教化和文明构建，还是等具有君子品格或者有道的人来做吧。冉有在提出“方六七十”的时候，应该是想到刚才子路的冒失，所以又缩小了国家的面积，“如”在这里当“做”或者“来”讲。

鲁迅先生曾经说过，好的小说的文字，我们听着就像是邻居吵架一般，如闻其声，如见其人。《论语》的文字就做到了这一点，子路说话的时候总是加法，而冉有说话的时候总是减法，不同的表达方式之中两个人的性格特点也凸显出来了。

《论语》还出现过这样的句子：“闻斯行诸。”这是子路询问说：我们听到了一个好的道理，是否应该立刻就将它付诸实践呢？孔子回答说：怎么可以这样，你有父亲、哥哥在，你不能马上就做。而冉有问了同样的问题时，孔子却说：马上行动，马上行动吧。公西华听了孔子的不同答案之后就很不理解，就问孔子怎么同样的问题有两个答案呢？孔子说：子路这个人脾气很火爆，总是想着超越别人，所以他需要降火。而冉有这个人在行善方面比较消极，所以要给他加把劲，这就是因材施教。从这样一段对话之中，我们也可以感受到两个人不同的性格。

鲁迅先生曾经说过，好的小说的文字，
我们听着就像是邻居吵架一般，如闻其声，如见其人。

公西华的回答

冉有回答之后，孔子又点了公西华的名：“赤！尔何如？”“赤”指的就是公西华，他在儒门之中是一个非常讲究穿戴的人，据说他去鲁国的时候“肥马轻裘”，就是乘坐着肥壮的马，穿着裘皮大衣，因为公西华属于能典礼的人，所以难免讲究排场。

对于孔子的问题，公西华是如何应对的呢？他说自己“非曰能之，愿学焉”。这句话很有意思，因为刚才两个人都在说我能干什么，到了公西华之后就出现了一个狡猾的答案，不让老师踩着自己。他不说自己会什么，只说自己愿意学习，这就像是外交辞令一样，让人抓不住把柄。这里也可以感受到公西华说话的谨慎，因为前面两个同学说完话之后，一个被老师笑，另一个的答案老师没表态，所以公西华就只表示自己愿意学习一切。然后他才说：“宗庙之事，如会同，端章甫，愿为小相焉。”“宗庙”就是祭祀，古代的祭祀仪式是非常严肃的，有一些部落之中会因为祭祀时做错动作、说错话而处死人，所以古代的典礼制度很严格，而儒者最早也是做这个工作的。“会同”是指两国君主见面、聘问。公西华的意思是：宗庙祭祀或者诸侯会同的时候，我愿意端着章甫帽来行赞相礼仪。“章甫”是一种礼帽，有学者认为是殷商时期留下的帽子，但也有人不认同。《诗经》中说殷商人在给周家助祭文王的时候，却带着殷商的礼帽，孔子看到之后喟然长叹。因为曾几何时，殷商王朝也有人助祭，这种高岸为谷、深谷为陵的变化让孔夫子很感慨。

公西华的回答也透露出他的个性特点，他所说的不是自己会什么，而是自己愿意去学习做什么，所说的是自己的志向。这样说话就可以让老师不批评自己，不至于被踩住了尾巴，因为他将尾巴深深卷起来了。

曾皙的回答

孔子最后一个问的人是曾皙：“点！尔何如？”“点”就是曾点。

曾皙是如何回答的呢？“鼓瑟希，铿尔，舍瑟而作，对曰：‘异乎三子者之撰。’子曰：‘何伤乎？亦各言其志也。’”他首先铺陈了一下，当孔子问到曾皙的时候，原本鼓瑟的他声音忽然慢了下来，铿然一响，给音乐做了个结尾。然后他放下手中的瑟，站起来回答孔子的提问。这个动作表示大家刚才都是跪着的，当老师提问的时候，子路、冉有、公西华全都会站起来回答，但文中却没有交代，反而郑重其事地交代了曾皙的几个动作：先是慢下演奏，然后音乐收尾、放下乐器，才站起来回答。之所以写了这么多细节，是因为曾皙的回答得到了老师的表扬，所以才为他专门补充了细节。

我们还可以从这些细节之中发现，在子路、冉有和公西华与孔子对话的时候，曾皙一直都在鼓瑟，仿佛是一个谈话节目的伴奏。等到老师问到自己的时候，文中才交代了他鼓瑟的事，这种文笔安排就像《史记》写项梁和项羽叔侄二人去咸阳，看到秦始皇的车，项羽攥紧拳头说“彼可取而代之”。当时项梁也是处心积虑要造反的，但是项羽突然说出这样的话，他反而用手去捂住项羽的嘴，提醒他不要说这个话，会招来灭族之祸。行文至此，作者才写项羽身高八尺、力能扛鼎。这就是文字、文笔讲究次第的技巧，通过组装信息，文字就变得有劲。如果在前文一开始就提到众人侍坐时曾皙在鼓瑟，那么他就会变成一个伴奏的人了。

被孔子点名之后，曾皙首先说：我与三子之撰不一样，我还要说吗？“撰”的意思就是撰构，也就是凝结的思想和想法。

孔子说：“何伤乎？亦各言其志也。”意思就是：无妨啊，本来就是各自说出自己的想法，你就说出来吧。

于是，曾皙说：“莫春者，春服即成，冠者五六人，童子六七人，浴乎沂，风乎舞雩，咏而归。”听他说完之后，“夫子喟然叹曰：‘吾与点也。’”

“莫”字在这里读作“暮”，这个字本身就是暮字，篆书里写作四个“草”和一个太阳，表示日落到草里，就是日暮的意思，后来因为它有了“莫”的意思，否定的意思，所以人们就在它下面加了一个“日”字，变成了“暮”，并不是有两个太阳落进草丛的意思。“莫”和“暮”是本字和后起字之间的关系，“莫”就是“暮”的本字，包括桌子的“桌”字，一开始写作“卓”，后来才改了木字，变成今天的“桌”字，这与生活的变化有直接关系。

曾皙所说的“暮春”，是春天的最后一段，经过孟春、仲春之后就是暮春。这个时候天气不是很热，但已经开始暖和了。到了这个时间，人们都穿着夹衣，类似今天的夹克一样，都是双层的，适于春天穿。“冠者”是指二十岁以上的成年男子，中国古代的成年礼是儿子二十岁的时候，父亲请乡里有文化、德行的长辈到家中，见证儿子成年。二十岁之后要给儿子准备三顶帽子和三套服装，分别是打猎的、祭祖的和正式场合参加典礼的，配好之后还要取一个字，以后就不能叫儿子的小名了，说明儿子已经进入成年人的群体，不再是一个孩子了。冠礼之后，要以大人之礼尊重他，但他也要负起责任来，因此这个典礼在人生过程之中是非常重要的仪式。“童子”是指十三到十五岁之间的孩子。“浴乎沂”，在《水经注》中介绍了沂水：“沂水北对稷门，亦名雩门，南隔水有雩坛，坛高三丈，即曾点所欲风舞处也。”但是这个时节并不是洗浴的时候，因为“风乎舞雩”还吹着凉风呢，所以这里的“浴”只是撩水，是一个仪式。大文豪韩愈曾经写过《论语笔解》，他认为这里的“浴”其实是“沿”字，应该是“沿乎沂”，并不是在沂水洗浴，而是沿着沂水岸边的意思。“风乎舞雩”之中的“风”也应该是“讽”字，意思是唱歌。东汉的思想家王充作《论衡》，他认为“风乎舞雩”就是诵读的意思，这种说法也可以说通。“舞雩”就是指今天曲阜孔庙南边的舞雩台，它就紧挨着沂河。如今的曲阜市已经扩大了面积，舞雩往西正对着孔子博物馆。在沂河边上搭建舞雩台，主要是用舞龙来祈求风调雨顺的。

整体来看曾皙的这段话，他说的是：暮春的时候，我要和五六个成年人，六七个小孩子一起到沂河边上，撩起一些水花洗一洗，然后站在舞雩台上吹吹风，再唱着歌儿回家去。这种行为是非常洒脱、率性而为的，只是去舞雩台上看一看，并不做什么，这种趣味就好像是古代的隐士一样，安贫乐道，独善其身。

但也可以有第二种解释，曾皙是在暮春时节带着几个成年人和小孩，沿着沂水河，在舞雩台上讽咏。这又是另一种行为，因为儒者是国家典礼的管理者，这是带着人在举行雩祭，祈求风调雨顺，大祭的时候唱歌就是儒者的本色。

如果让我来选，虽然我不敢轻易否定第一种解释，但更倾向于第二种解释。因为如果真的在暮春时节到沂水游泳、唱歌，显得有点无事可忙。而作为儒者，在舞雩台上带着一群人唱歌，就是在行国家的典礼，儒者参与这种典礼之后余韵未了，再唱着歌回家去，这就坚守了儒家的本分，这是儒家的心胸，他守着礼乐，将典礼的事情做好，又恰如其分地表达了自己的志向。就算曾皙不去做官，只需要守住礼乐，就和前面的几个人不同了。

这一段文字我们不敢做一言以为是、一言以为非的定论，因为它存在诸多可能性。总而言之，曾皙在讲这段话的时候，将我们带入了一个美好的境界之中，暮春时节是最有光景的时候，早春还有点儿冷，而暮春时绿叶开始生长，天空飞满游丝，燕子飞来，冬小麦也黄了，桑葚长出来了，布谷鸟也飞来了。暮春是让人怅惘的一个季节，人们换上春装，一群人到河边登台唱歌，光风霁月，不管是去干什么都会显得非常潇洒。

如果我们联系孟子对曾皙的评价，就会发现他在儒门之中属于狂者，就是一味进取。“狷者有所不为”，而不断追求那种高标准的人就是狂者，他会秉着自己的性情，带着朋友去沂水畔洗一洗，到舞雩台上歌唱，然后唱着歌回家去，这个世界上所有黑暗不堪的事都与他无关。当然，如果理解成他参加国家的雩祭典礼进行歌唱也是可以的。阅读这段文字，我们需要抉择。

听完曾皙的话之后，孔子喟然长叹，意思是从内心深处发出深深的叹息。

孔子的点评

在这段交谈结束之后，“三子者出，曾皙后”，意思是其他人都走了，曾皙却滞留下来，他要问老师：“夫三子者之言何如？”刚才你对我的答案表示赞同，那其他三个人说的都不对吗？这其实是一个正常心理，纵然自己得了高分，也想搞清楚问明白。

“子曰：‘亦各言其志也已矣。’”孔子表示这不过是各自谈论一下自己的志向罢了。曾皙又问：“夫子何哂由也？”那么老师您为什么对子路师兄的答案要扑哧一笑呢？孔子说：“为国以礼，其言不让。”这段话的意思是：治理国家要讲究谦让，要彬彬有礼，任何事想到之后立刻不假思索地说出来，这种态度做不成事。我们看到孔子教育学生的时候是要塑造君子品格，内修品格，外修事业，品格和事业之间存在着极其重要的关联。想要治国就要讲究礼法，礼法之中就包括谦逊和含蓄，包括让别人也发表意见。而子路一点儿都不懂这个道理，就算当了一把手，也凝不成统一意志，所以孔子才笑了。孔子的“哂”不是针对子路所讲的内容，而是针对他的主观态度。

曾皙又问：“唯求则非邦也与？”意思是冉有说的不也是一个邦国的事情吗？言外之意是对冉有的答案您为何又不作声了呢？因为孔子在冉有回答之后不置可否，而是立刻询问公西华的意见，这种做法似乎有点儿否定的意思。

孔子回答说：“安见方六七十，如五六十而非邦也者？宗庙会同……赤也为之小，孰能为之大？”在春秋时期，存在很多地盘不大的邦国，到了战国时期都被兼并统一了。孔子认为方圆六七十、五六十里的邦国，举行诸侯之间的典礼，而冉有（赤）却只愿意做一个小相，那么请问谁又可以做大相呢？这句话背后的意思是孔子觉得冉有的谦虚有点儿过分了，如果冉有只能治理小邦国，那么大邦国谁来治理？可见冉有和公西华所犯的毛病与子路正好相反，子路是不知谦让，而这两个人是过分谦让。

点评完了前面的三个人之后，孔子表示：在国家典礼的时候，曾皙和同伴在那里唱歌，之后高高兴兴地回家去，这讲的是一个儒者的本分，而且不失礼乐。孔子期待了太久，终于有一个人可以恰如其分地说出自己的理想。前三个人说话都不着调，一个冒进，两个往后缩、耍滑头，所以他对曾皙的答案最满意。阅读一段经典的时候不是

> 任何事想到之后立刻不假思索地说出来，
> 这种态度做不成事。

要说是和非，而是要给自己启发，这就是阅读经典的价值。这就是我的理解。

《论语》的文学价值

阅读这一段文字要注意它的文学性。

其一，对四个人不同特色的描写。四个人在说话的时候，有四个不同的面孔，通过他们各自的语言我们可以体会到四个人平时的状态。子路、冉有和公西华以及曾皙在老师面前各有性格，语言塑造了他们的形象，虽然《论语》不追求这种文字上的妙，但在传达人物情感的时候依旧非常精妙，可以感受到《论语》文字的炉火纯青。

其二，在叙述过程中要将好钢用在刀刃上。比如说到曾皙的时候，“鼓瑟希”“铿尔舍瑟”等描写为他说话做了郑重其事的点色，这样的文字很讲究。另外，描写孔子的失望情绪时用了问句的方式，调动了汉语的句式去传达感情。比如“夫二三子之言何如？”而孔子回答说“亦各言其志也已矣。”这里的“也已矣”是三个虚词，加强了他的语气，实际上有了失望的情绪。我们的汉语在语句上有一个特点，就是问话的词，比如“了”“吗”“呢”等，这在英语之中似乎少有。而《论语》之中将几个虚词一起用的情况也很少见，后面孔子所说的“如五六十而非邦也者”还模仿了冉有的语气：“赤也为之小，孰能为之大？”则用语调来传达了情感。作为对话的文字，用话语来塑造人物，这一段是非常成功的。

这段文字的文学价值很高，值得我们珍视，这也是为什么很多作品选都会选择这一段的原因。

第六讲 温故知新

子曰："温故而知新，可以为师矣。"

子曰："学而不思则罔，思而不学则殆。"

子曰："由！诲女知之乎！知之为知之，不知为不知，是知也。"

子曰："见贤思齐焉，见不贤而内自省也。"

子曰："三人行，必有我师焉。择其善者而从之，其不善者而改之。"

曾子曰："士不可以不弘毅，任重而道远。仁以为己任，不亦重乎？死而后已，不亦远乎？"

子曰："岁寒，然后知松柏之后凋也。"

子贡问曰："有一言而可以终身行之者乎？"子曰："其恕乎！己所不欲，勿施于人。"

——《论语·为政》

温故而知新

“温故而知新”这一篇出自《论语 · 为政》，“温”这个字历来都有不同的解释，最常见的是“温习”，但实际上应该是“重温”。古代有这样的说法，祭祀的时候祭品凉了就要拿火重新温一温。还有人说“温”是厚的意思，更有人说“温”是寻绎，朱熹在《四书章句集注》中说：所谓“温”就是从这种知识里寻绎它的道理，是归纳总结、提纯抽象。这三种不同的解释，我认为最合理的是“温习、重温”。学习过的知识不断重温它，实际上重温也包括了寻绎的意思，所以重温的解释更加踏实妥帖。

重温过去的知识可以知新，而“知新”也有不少的说法，基本上“知新”的意思就是能得出新的体会，或者推导出新的认识。“可以为师矣”中的“师”就是做老师，给自己做老师，给别人做老师，实际上是说你就像老师一样知道怎么教育自己、教导别人了。孔子通过这段话告诉你，要能够不断地从旧的知识里推导出新的知识，这本身就是一种致知方式，也是老师之所以是老师的一个原因。

在过去还有一种对“温故而知新”的解释，认为“温故”和“知新”之间是并列的关系，要温故也要知新，既要不断重温过去，也要不断开拓学习。这种解释也可以通，但并不好，这是一个因果关系，或者是一个条件和结果的关系。温故可以找到新的知识，新知往往包含在已有的知识中。

在《学而》之中，孔子非常推崇温故知新。《论语》记载，子贡曾经问过孔子：老师啊，贫而无谄，富而无骄，好不好？孔子回答说：可以，一个人穷困而不谄媚，富贵而不骄傲，但“未若贫而乐，富而好礼者也。”他的意思是更高的标准应该是穷困而不失乐观，富裕也要按照礼法行事。说到此处，子贡忽然想到《诗经》中所讲“如切如磋、如琢如磨”，“其斯之谓与？”意思是就是这个道理了吧。这就是一种推导出新知的方式。所以孔子立刻说：哎哟，端木赐，你可以谈诗了。因为“告诸往而知来者”，你能够由一种现有的知识实现一种跨越，得到一个新的判断。言外之意是认可子贡这种向外拓展的思维。

《论语》经常说到要举一反三，告诉你桌子有一个角，你应该推导出还有别的角。康德哲学之中讲判断的时候讲它分为两种，比如“花是红的”，红就包括在花的概念里。但“今天下雨了”，下雨可不包括在今天这个概念里。前者是一种分析的判断，后者是一种得到新知的判断。可见在西方哲学之中，也讲能不能温故出新。

总之，在字义方面孔子强调的“温故而知新”就是能够从已有的知识推导出新的知识，这种人就可以做老师了，或者像个老师了。这句话首先可能是指导学生的课业学习，过去学的东西要不断温习，你会产生一种新的理解和认识。

儒家的历史观

我们还可以做更深入的认识，就是对待历史、现实和未来的问题也需要温故而知新。我们人类不是神，只能知道过去的事，看到、听到和感受到的是现在的事，却不知道下一刻的事。如果在四维空间，我们就能够知道未来，可我们生活在三维空间。但是，人可以大体地预测未来。比如天气预报，虽然它报得没那么准，但它通过温故分析了大量的数据，然后大体可以推测出未来数日内的天气情况。

《中庸》也讲：至诚的人可以预知未来。这并不是迷信，也不是算命，而是研究历史可以把握未来。德国有一个哲学家叫作雅斯贝尔斯，他所写的《论历史的起源与目标》这本书中讲：我们如果想了解未来，就要深入地把握过去。也就是说，如果你想准确地把握未来，就要仔细、深刻地了解历史。在《论语》中也有这样的例子，《为政》篇中子张问过一个问题："十世可知也？"他所说的"十世"是指十个朝代，子张认为我们知道有夏、商、周朝代的变化之后，未来的十个朝代也是可以知道的。

我们如果想了解未来，就要深入地把握过去。也就是说，如果你想准确地把握未来，就要仔细、深刻地了解历史。

孔子认为未来的事情我们不能预测，但是可以由历史而获得一种理解。在《为政》这一篇之中，孔子说："殷因于夏礼，所损益，可知也；周因于殷礼，所损益，可知也。"其或继周者，虽百世，可知也。这段话是说：看看过去，殷商将夏王朝推翻，然后建立了新的王朝，在文化上他因循了夏朝的文化。但是并没有全盘接受，因为有不合适的内容，因此有所损益。殷商是如此，武王伐纣建立了新的周王朝，文化上也因循继承了殷商的一些成果，同样也有所损益。未来虽然不知道谁会继承周朝，但我们也可以归纳出他们的文明也是继承和损益的，"虽百世，可知也"。

这一段话也是孔子很重要的一个思想，他不是一个革命论者，而是一个损益论者。孔子认为文化就像一条河流，要不断吐故纳新，不断融汇、发展，所

孔子认为文化就像一条河流，要不断吐故纳新，不断融汇、发展，所以他不主张砸烂一切，重新再建，他讲损益。

对待历史、现实和未来的问题也需要温故而知新。

以他不主张砸烂一切，重新再建，他讲损益。一些文献记载，殷商时期谁家里有老人去世了，吊唁安慰的活动是在下葬的那一刻进行。而到了周朝的时候，人们认为下葬这一刻吊唁不合理，修改成了下葬之后，苦主回到家里正冷清的时候，乡亲们来慰问。孔子认为这个变化是贴着人情走的，更加适宜人情，所以这种损益变化是好的。

在孔子看来，损益变化是延续传统的一种健康方式，所以损益论是《论语》的一个很重要的思想。

百世可知

从“温故而知新”之中，孔子得出了一句很放得开的话：“百世可知。”我们今天也承认这样的道理，如果文明要健康发展，一是要继承，二是要变化，这就是所谓的损益。人类不可能修建空中楼阁，也不可能把前朝的文化全部砸烂再去建一个新的文化，这不是由人的文化决定的，而是由规则决定的，中外历史中反反复复都在证明这一点。

《论语》提供了一个活灵活现的孔子看未来的例子，《中庸》也讲“故君子尊德性而道问学，致广大而尽精微，极高明而道中庸，温故而知新，敦厚以崇礼”。这就是将《论语》这句话完全吸收过来了。

前文中我们说到温故和知新是并列关系，也是一个因果关系。《汉书·百官表》的序言也说：“以通古今，备温故知新之义。”可见它的作者班固也是这样理解的。东汉时期的王充摆脱了很多学派的干扰，通过独立思考写出了《论衡》，其中有一句很漂亮的话经常被人引用：“知古不知今，谓之陆沉；知今不知古，谓之盲瞽；温故知新，可以为师；古今不知，称师如何？”这段话的意思是：只知道古代却不了解今天，大地就下陷了。只了解现在而不了解过去，就如同瞎了眼一样。要温故，也要知新，这才是一个合格的老师，才能够不断产生新知。“陆沉”“盲瞽”这样的典故，至今还有一些先生在写文章的时候会用到。

“温故知新”这样的意识，是孔子旱地拔葱一般从自己脑袋里生造出来的吗？也不一定。我们知道在孔子之前就已经有了文字历史记载，商朝和周朝的历史加起来约有一千四百年，我们看到前边的发展，就可以发现孔子的判断也是有所借鉴的，他借鉴的基础在《尚书》中就有一个清晰的意识。

在《尚书》里有一个《召诰》，是西周得到了商朝的天下之后，周公和召公的谈话，他们谈道：“不可以不鉴于有夏，亦不可不鉴于有殷。”就是我们不能不借鉴夏朝亡国的经验和教训，也不能不借鉴商朝亡国的经验和教训。“殷鉴意识”就是这个意思，你的朝廷未来的命运如何，你只需要看历史就清楚了，这个思想这时就已经出现了。

西周后期，有一个诗篇叫作《大雅·荡》，其中一首诗叫作“殷鉴不远，在夏后之世”，这是一个对周厉王的警告，因为周厉王所做的事情导致周朝亡国。“殷鉴不远”是说殷商这面镜子可不远，可以照见夏后之世。言外之意是周朝应该借鉴殷商，所以才出现了“殷鉴”这个词。

中国的“二十四史”是大部头，所以过去讲“三冬文史”，意思是：读书人要想出来做官，就要先用三个冬天的时间把文史读一读。当然，古代并没有“二十四史”，但也要将中国的史书看一看，才能知道历史如何运作。说来惭愧，每一个王朝亡国的原理都差不多，这又是一种讽刺。总是提“殷鉴”，但“殷鉴”总不管用。所以中国的史学非常深厚，深厚的传统里早就提出了要借鉴前朝，这就是周人提出“以鉴于殷”的殷鉴意识。

温故知新的历史意义

有一个叫鲁思·本尼迪克特的美国人类学家，她在二十世纪二十年代获得了博士学位，正赶上第二次世界大战。她的著作有两本，一本是《菊与刀》，一本是《文化模式》。

《菊与刀》这本书研究日本的国民性，“菊”代表王室，而“刀”代表武士道。在二战快结束的时候，太平洋战争已经进入尾声，美国人觉得日本人很奇怪，他们打仗的时候很多逻辑是西方人不懂的，像剖腹自杀、死不投降等顽固行为。因为战争马上要进入日本本土，于是美国人就想研究一下，所以就找到这个人类学家，将这件事交给她。

鲁思·本尼迪克特的老师是博厄斯。她本人是当时人类学研究执牛耳的领军人物，虽然她没有到过日本，但她有人类学的研究方法，通过看日本的报纸、电影，观察因为战争而滞留在美国的日本人，用几个月的时间写了这么一本书。《菊与刀》这本书并不厚，它可以算作一个报告。本尼迪克特发现日本人很有意思，爱美、尚礼，却也黩武好斗，喜新又顽固，服从又桀骜不驯，很多对峙的人格并存出现。最后，她认为日本人是极端唯心的一个人群，就是所谓的“大和魂”。有一个事例说：日本有一架战斗机从战场回来了，落地之后大家去救人，才发现驾驶员已经死了。他是坚持到最后一刻，落地之后才死。从这个事情来看，日本人所谓的大和魂是超越生死的。日本媒体就此宣传，认为飞行员实际上在飞机上就已经死了，但是他的大和魂让他穿越生死将飞机开回来了。这种思维方式不是疯了吗？

通过研究，鲁思·本尼迪克特提出了战后对待日本应该注意的一些问题，虽然这本书也有不足，但后来美军进入日本之后听取了她的建议，取得了不错的效果。这其实就是我们所说的温故知新，通过读经典来关怀现实。

现在我们的电视剧里抗日题材很多，却缺少对日本真正的了解。文艺工作者需要将真正的了解传达给老百姓，而不是整天恨日本人。

这里我建议大家看一看刘文典先生的研究，他是研究《庄子》《淮南子》赫赫有名的大家，是敢于拍桌子骂蒋介石的人。刘文典翻译过日本军国主义者荒木贞夫的著作《告日本国民书》，可以让我们了解日本的军国主义是如何将思想灌输给万民，以及日本是如何成为侵略者的。“九一八事变”之后，当时的国联曾经派遣代表团到中国，中国的史学家认为他们不能主持正义。荒木贞夫在这本书里认为国联欺负了日本，让日本承受了莫大的委屈，以此为由向国民宣扬军国主义思想。“九一八事变”使中国东北三省被日本侵占，中国人感到委屈，日本人却借此煽动民族情绪，从而讲述军国主义道理、日本人的荣耀和武士道精神、樱花精神及剑的精神，这是一种很霸道的逻辑。

当刘文典先生翻译这本书的时候，有人责怪他这么做会挨骂，但是刘先生却说：“如果我们不了解他们的思维逻辑，就没办法认识他们对中国的态度，也没办法认识他们的行为方式，所以我认为应该将它翻译给我们的国民好好看看。”

这位老先生翻译这部书，并不是为了给日本军国主义做传声筒，而是要让我们广大读者了解日本人疯狂的心理背后的思维方式。我看到《告日本国民书》之后，很受震动。这么多年来我们不做这样的研究，我们对日本缺少一个真正的肌理性的分析，他们到底是一个什么样的人群，到底受什么思想的策动，我们还是应该看看。

你要想避免历史悲剧重演，就要好好研究历史，让悲剧不再出现，这就是温故知新这句话的真理。

第七讲 见贤思齐

课本里的《论语》

子曰：“见贤思齐焉，见不贤而内自省也。”

——《论语·里仁》

冀己亦有是善

朱熹在《四书章句》中对“见贤思齐”这段话的解释，我认为很不错，他说“思齐者，冀己亦有是善。”“冀”是希望的意思，所以朱熹的意思是说：见贤思齐就是见到人家有贤才、贤德的地方我们就应该想着如何与他看齐，是希望自己也有这种善。

有人字写得好，我们看到后自己也去练字，这就是见贤思齐。看到别人身上有坏毛病，就自省。中国古汉语之中，和贤相对应的是“不肖”。《春秋》之中说“贤贤贱不肖”，意思是以贤能的为贤，以不肖的为贱。所以朱熹解释说：“内自省，恐己亦有是恶”，意思是自省就是要看看自己是否也有这个毛病。日常生活之中，在公共场合大声喧哗，大家都默不作声，此时我们就应该自省，看自己是否也有这个毛病，这就是“恐己亦有是恶”。

朱熹还引用了胡氏的话：“见人之善恶不同，而无不反诸身者，而不徒羡人而甘自弃，不徒责人而忘自责矣。”胡氏是南宋时的一位老先生，他说：见到人的善恶要反省自己，而不是一味地去羡慕人家，要落实到思齐上去努力；也不能一味地去责备人家，要注意此刻自己也在犯这个毛病。东汉时期，有很多人写《诫子书》，因为大家的保家意识特别强。其中有一个叫马援的人写的《诫子书》告诫家族要延续就要遵守口德，他列举了很多人的例子，教育自己的孩子不能轻易臧否人物。他告诉孩子不可这样，但是自己却在《诫子书》中大肆臧否人物。

见到人的善恶要反省自己，而不是一味地去羡慕人家，要落实到思齐上去努力；也不能一味地去责备人家，要注意此刻自己也在犯这个毛病。

“见贤思齐，见不贤而内自省也”的“见”表示一种非常主动、积极的做人态度，其中暗含了一个意思，那就是认真对待事物的态度，要不断严格要求自己，这个品质才慢慢地变得优秀。这里的两个“见”字我们不能小瞧，它是做人高标准、严要求的人才能做到的。

儒家的学习观

孔子说：“君子食无求饱，居无求安，敏于事而慎于言，就有道而正焉，可谓好学也已。”这是讲好学的问题，什么是好学？整天捧着语文、数学的课本在那里学习是好学，这是学外在的知识，而学做人又是另一种好学。儒家讲做人的现代价值值得肯定，它告诉我们如何做一个君子，做一个有品位的人。想要做这种人，就要向别人学习。在神话时代，我们是向神学习，听神的指挥。而中国人很早就谈到了向别人学习，学习什么呢？学习人的好品质，也力戒别人的那些不好的行为。这就是正学习和反学习。

孔子有一次说：“二三子以我为隐乎？吾无隐乎尔。吾无行而不与二三子者，是丘也。”他是说大家经常向老师学习，但老师是否有所隐瞒呢？并没有。我每天二十四小时都和大家生活在一起，关键在于你能见或不见，是否是一个有心人，是否有这样的姿态。有一个很简单的例子，下雪的时候，有人会写一篇美妙的诗篇让大家传颂，而有人却只会打雪仗、喊几嗓子，这就是差异。当然，这其中也有才华的问题，但你是否有这个心，是否想要做这件事也很关键。所以说向别人学习就是人给自己做主，你是一个什么样的人，全在见和不见之中，这很关键。我们有时候读这些书，会受到向上的启发，这就是学习《论语》的正学习。

老子也曾经说过类似的话，在《老子》第二十七章之中讲：“故善人者，不善人之师；不善人者，善人之资。”我们今天评价一个学校的师资力量强不强的标准，就是来自老子这段话。善人，就是那些好人，是差一点儿的人的老师，而不善的人对那些善人来说就是借鉴，是“资”，这仍然是一个正学习和反学习的态度。如果你明白了这一点，就明白了孔子为什么会说“三人行，必有我师焉。择其善者而从之，其不善者而改之”。所以，这就是学习从生活中来，学做人往往从教科书上学不到，所以我们生活的世界需要《论语》这本书，告诉我们如何在主体性上、心性上提高自己，让我们像个人。你不要以为“人”字就是一撇一捺，想要让它站立起来不容易。在书法上，人这个字就不太好写，我们一辈子做得像个人，大家觉得这个人有趣味、有品质，对社会有贡献，谈何容易！所以，学做人实际是要向人学习，学习别人的好品质，力戒别人身上的毛病，处处有学问，做人要做有心人。

圣人无常师

有一个禅师带着小和尚修行，三年过去了，小和尚疑惑地问：“师父，您怎么不教我呢？从来不给我讲课。”老禅师说：“我还用讲课吗？你给我端茶，我就接过来喝。你给我递饼，我就拿过来吃。我还用教你吗？”小和尚听了这话，顿悟了。佛教就在生活中，就在行走

学做人实际是要向人学习，学习别人的好品质，
力戒别人身上的毛病，处处有学问，做人要做有心人。

坐卧之中。

有一个年轻人去见一个老和尚，发现老和尚在端茶递水，而他的身边很多小徒弟却闲着。于是年轻人就说：“我是一个小辈，您何必对我这么客气呢？”老和尚却说：“万行门中，不舍一法，生活中我是个大和尚，但我还要做一个人，干各种事，我不舍弃任何的善。”这段话就像刘备曾经说过的“勿以善小而不为”，老和尚并不因为这些是小事而推给别人去做。

那么从这个角度来看，“见贤思齐，见不贤而内自省”和“三人行，必有我师。择其善者而从之，其不善者而改之”是相似的意思。

汉武帝曾经写诏书给地方官，让他们求贤。但是地方官并不真正去落实，所以汉武帝就说了一句：孔子都说“三人行必有我师”，你们这些人不举荐贤才，可见你们眼中没有人。

在《子张》篇里，也有这样一个故事。公孙朝问于子贡：“仲尼焉学？”意思是孔子这么博学，是跟谁学的呢？子贡回答说：“文武之道，未坠于地，在人。”意思是说：从周文王、周武王以来的那些人生好道理，并没有散落在地上摔碎，它们还保留在一些人身上。再坏的世道，总有一些人有好品德，“贤者识其大者，不贤者识其小者。莫不有文武之道焉”。只要你有眼光，就能认识到他大的地方，一些没眼光的人就会认识到他小的地方。生活中很多人身上都有文武之道。“夫子焉不学？而亦何常师之有？”意思是夫子好学，见到所有人都可以学到一些东西。

韩愈在《师说》中说过“圣人无常师”。比如东夷有一个小国，它的国君郯子了解很多远古文化。郯子来到鲁国后，孔子就赶紧去学习。《孔子家语》中有一篇《观周》说孔子的学生向鲁国请了两匹马，孔子就拉车带着学生去洛阳向老子学习。孔子还向一个叫师襄的盲人学习音乐，最后师襄都说：你学得差不多了，赶紧向前再走一步吧。

孔子却说：我只知道了曲调的高低，还没有掌握技巧。我听这个曲子，仿佛感觉到有一个人“黯然而黑，颀然而长”，他面目黝黑、个子很高，眼睛睁得很大望着天空，这不是周文王吗？师襄说：对了，这个曲子就是《文王操》。从这个故事中可以看出孔子在音乐方面的确有天赋，《论语》也说孔子喜欢的歌只需要听一遍就可以唱。即便如此，他还是向很多人学习，所以说圣人无常师，他很好学。

《红楼梦》中秦可卿死后贾宝玉要修个书房，王熙凤就问他：你什么时候开始读书呀？贾宝玉说：什么时候把这个书房弄好才行。这是小公子的懒惰，因为学习是无条件的，学识、学习无实地，重要的是“见贤思齐，见不贤而内自省”。这两个“见”字要有一个主体，首先是立志高远，其次就是正学习、反学习，也就是老子所说的“善人，不善人之师；不善人者，善人之资”，要善于借鉴。这都是古人对自己的高要求，或者说是古人做人的严谨，这也都是关于学习的问题。

课本里的《论语》

第八讲

君子和而不同

子曰："君子和而不同，小人同而不和。"

——《论语·子路》

君子和小人

《论语》中经常出现“君子”“小人”这两种人的概念，我们一定要先辨别他们到底指什么。

在比《论语》更早的西周文献《尚书》中所说到的“君子”，是指周朝的贵族，有权力和地位的人，比如“呜呼！君子所其无逸。”小人，就是指小民、平头百姓，比如“哀吾小人”。现代语言中的小人是骂人、贬斥的话，但在原来并没有这个意思。在周代、商代的文献之中，君子、小人都是指身份的不同，粗浅地说就是统治者和被统治者，有权位和没有权位。但到了春秋时期开始发生变化，君子变成了有品格、德行的人，小人变成了缺德、没有品位、没有出息的人。比如《论语》说：“女为君子儒，无为小人儒。”这里的“小人”也不是坏人，而是指没有出息的人。

在《论语》中要辨清楚君子和小人，否则就会犯错误。比如《宪问》篇说：“君子而不仁者有矣夫，未有小人而仁者也。”这里的君子和小人就是在位者和不在位者，意思是：我只见到在位的人不仁道，从未见过平头百姓可以行仁道的。这句话很有深意，值得思考。

和与同的概念差异

“君子和而不同，小人同而不和”，这里的君子和小人是指有德者和无德者。有德的人能与人和谐相处，能合作，但他不会同。这里就“和”与“同”两个概念提出了差异。

“和”指的是两种事物或者多元事物一起合作，每一个合作的事物都不会失去它的主体性。落实到每个人身上，我们和别人合作的时候既要讲原则也要互相体谅，这就是“和”。而中文之中还有另一个“合”，它的意思就是合作，并无褒贬之分。当它用于“同流合污”的时候就会有贬义。将两种事物放在一起就是“合”，这个意思和“同”相近，水加水、火加火、风加风，这叫作“同”，彼此之间并没有合作，也没有产生新事物，不像水和火在一起会产生新事物。

“和”是一个发展性、能生成的词。“合”只是量的增加，并没有发展性。所以孔子认为我们应该“和”，而不是“同”。“同”就是随声附和，与人合作的时候和应声虫一样，没有自己的立场和见解，也就没有了价值。几个人一起合作，你总会有自己的看法，这是“和”。而没有出息或品质不好的人在一起，只懂得随声附和，这并不是真正的合作。“和同”观念是中国思想之中非常重要的一部分，孔子非常明智、清晰地将它们表达了出来。

在西周的文献之中记载，尧曾经说过“协和万邦”，他有能力让万邦都和谐生存，找到各自的位置而不会有排他性。大家互相协作，互相尊重，不会唯我独尊，这就是“和”。而在《尚书》之中也谈到了大禹，说在《皋陶谟》里记载了大禹的话：“德惟善政，政在养民。”他认为德行就是落实到善政上，而善政就是养民，让百姓可以活得像个人。大禹又提出火、水、金、木、土、谷这几种代表天地的元素在一起合作，才能够养民，所以正德、利用、厚生就是和。正德就是德行端正，利用就是善于利用万物，厚生就是让民众的生存资本变得雄厚。这个观念是否在尧舜时期就已经有，我们不敢下结论，但在西周

“和”是一个发展性、能生成的词。
“合”只是量的增加，并没有发展性。

的文献之中，甲骨文的“和”字就与收成有关系，它的本意就是好收成、味道好、禾苗甘甜。总之“和”字代表的就是幸福、积极、健康、善和美。“和”的观念出现得很早，而它真正形成一个思想体却是在春秋时期，比孔子还要早百八十年。

最早对“和”的思想进行说明的文献见于《国语·郑语》之中，据记载：西周灭亡倒计时的第二个王周宣王有一个弟弟叫“友”，他被封到了郑国做国君。周宣王死后，郑国国君看到周幽王闹得不像话，就问太史始封君国家的未来如何，始封君回答说：国家要完。他提出了一个“和”的辩证法，这段文字准确地反映了西周结束之后的春秋初期的思想，可见在西周后期“和”的思想就已经很成熟了。

和实生物，同则不继

太史说：周幽王“弃高明昭显，而好谗慝暗昧”。意思是他将高明全抛弃了，喜欢那些心理阴暗、耍嘴皮子、说坏话的人。还说周幽王厌恶那些犀角丰盈长得高大饱满的人，总去接近顽童穷固。因为这些人会与他同流合污，这叫作“去和取同”。而“和实生物，同则不继”，中国辩证法认为只有“和”才能万物生长，“同”则会断了后续。因为你将水添到水中，永远不可能产生新事物，只会获得浑水、脏水和腐败的水。

中国辩证法认为只有“和”才能万物生长，“同”则会断了后续。因为你将水添到水中，永远不可能产生新事物，只会获得浑水、脏水和腐败的水。

在“和实生物，同则不继”之后，太史对“和”做出了解释：“以他平他谓之和，故能丰长而物归之。若以同裨同，尽乃弃矣。故先王以土与金、木、水、火杂以成百物。”这句话的意思是说：不同的事物在一起达到互相平衡就是和，只有不同的事物在一起合作才能互相激发，如果以同样的事物在一起就是同，就没有发展前途了。正是因为这个原因，先王才用土、金、木、水、火这些东西促生了万物。在这个时期，中国还没有金木水火土五行相克相生的概念，当时的人认为土是所有事物的原料，多元合作才生百物。太史所说的这个道理在中国人炒菜的过程中表现得最为典型，中国菜以五味调口，但总是“盐少许、醋少许”，不会明确说盐几克、醋几毫升、温度多高，这就像中国的古典辩证法一样，非常朴素，显得有些不科学。但如果真告诉你盐几克、醋几毫升、温度多高，你就做不出中国菜。因为有时候炒菜人的心情好、身体健康，颠出来的菜是一个味道；炒菜人心情糟糕，那么颠出来的菜又是另一个味道。这是不科学吗？或许是我们无法用科学解释。

有一个研究量子的学者曾经说过：量子是以我们的意识为基础存在的。对此，我不甚了了，但心情影响做菜确实很神秘，很难用科学的方法辨别它的真假。中国人喜欢用各种比喻，比如说“宰相肚里能撑船”，就是要你心胸宽大，在政治场合你会遇到积极、保守、冒进的各种人，所以需要包容各种人。这也像是在大鼎之中煮汤一样，要将酸甜苦辣咸各种口味调和成一锅鲜汤，这就是本事。而宰相就是一个调和大鼎里的汤的人，就算众口难调，也可以调和。所以作为一个领导者，也面临“和”的问题。有人说王安石做不了宰相，理由是他脾气大。虽然他读圣贤书出身，会做文章，但他的心胸没那么宽和。中国辩证法以做汤来比喻成局做事的道理，就是要讲“和”，就像土要和金木水火相杂，土虽然是最淡而无味的、最普通的，但通过和不同的事物组合产生了万物。因此，调和五味，和乐如一，“夫如是，和之至也”。

为什么太史通过这样的一番论调，能得出周幽王要完蛋的结果呢？因为周幽王没有包容，让真正的合作者出局了，都是一伙随声应和的人在跟着他指鹿为马。如果这样，这个朝廷也就完了。所以，太史为郑国国君支了一招，让他离开郑国，到洛阳以东，那里有一片地方，可以避免一起完蛋。由此可见，在孔子之前，中国的史官掌握了大学问，因为他看得多了，通过总结就能得出成败兴亡的规律。

中国人的“和”的观念

从这一段文字之中，我们看到了孔子关于“和”与“同”的观念。

另外一则材料是与孔子同时代的，见于《左传》，也见于《晏子》。据记载：齐景公有一天打猎归来，跑到高台之上逍遥，晏子在旁边作陪。这时有一个叫梁丘据的大臣听说君主在这里，就匆忙跑过来向齐景公问好。齐景公见状非常得意，就对晏子说：只有梁丘据跟我和呀。

晏子就回答说：梁丘据的行为是“同”，而不是“和”。齐景公听后感觉刺耳，就问晏子：“和”与“同”难道不一样吗？晏子说：

> 和如羹焉，水、火、醯、醢、盐、梅，以烹鱼肉。燀之以薪，宰夫和之，齐之以味，济其不及，以泄其过，君子食之，以平其心，君臣亦然。君所谓可而有否者，臣献其否以成其可，是以政平而不干，民无争心，故《诗》曰：“亦有和羹，既戒既平……成其政也。”

意思是：和就像是在大鼎之中煮汤一样，要有水、有火、有醋、有酱，还要有盐和梅子来调和味道、提鲜。用大火烧，让这些味道碰撞，发现哪个味道不足就加点儿，哪个味道多了就减少一点儿。君子吃了这样的饭食就会有好心情，君臣关系也是如此，当君主在朝廷提出一个事情，应该有大臣站出来提反对意见，通过多方参照，达成一致，这样政治得当平稳，老百姓也不会举棋不定有疑心。所以，这像是羹汤一样，要戒要平才能成就。

“既戒既平”这句话出自《诗经·商颂》，很多学者认为它是商代的作品，其实没那么早，它应该是西周的作品。按照清代学者马瑞辰的解释，“戒”就是要齐备，就像做汤的时候不能只放盐或者只加醋。“平”就是平衡。

晏子像

紧接着，晏子又引入了政治管理："声亦如味……以水济水，谁能食之？若琴瑟之专一，谁能听之？同之不可也如是。"意思是：若用水来调和水，谁能喝得下？琴瑟只弹奏一个音符，那是声一无听，谁能听得下去？这就是同，要不得。

从这两则材料我们可以看到，在孔子之前和孔子之后，大家对于"和"与"同"的说法都是一致的，这就是中国人"和"的观念。这种观念主和谐、主创生，它强调多元事物不失各自的本性去合作，互相撞击达到平衡，而不是强调以某个为主，或者打倒哪个。比如做汤的时候，盐要发挥咸的品性，醋要发挥酸的品性，梅子要发挥鲜的品性，每一个事物都不可缺，不可替代，多元合作就是"和"。上一则文献中还有一个比喻"琴瑟专一"，是用音乐来说明"和"。一个乐队只有一个乐器是不行的，只有乐音是不行的，还要有点儿噪声；只有高音是不行的，要有低音、混音，这样才是和谐。这都是中国古代朴素的辩证法，它是用比喻来说明，虽然看似不科学，但这就是"道可道，非常道"。

儒家辩证法

生活中还有一个比喻，我肚子疼的时候去看大夫，大夫问："你怎么疼？"我回答："一窝一窝地疼。"这是一种抽象的语言，这种时候你会发现不用比喻是无法说清楚的。语言就像是用手指指着月亮，只是示意，手指虽然碰不到月亮，但可以指示方向。所以我认为比喻并不是不科学，就像中国辩证法讲究斗争，讲究互相激荡，其实说的是多元合作，它以"和"为取向。

《论语》之中有子曾经说过这样一句话："礼之用，和为贵。先王之道，斯为美。小大由之，有所不行。知和而和，不以礼节之，亦不可行也。”这句话就是说每个人相见的时候，虽然都有礼，但礼也是讲究差别的。古代举行典礼的时候，谁坐谁站，谁的饭多、谁的饭少，都有等级。但讲等级并不是他的目的，而是让等级合理，让该站的站着，让该坐的坐着，让该多吃的人多吃，让该少吃的人少吃，这其中有一个公平和正义的问题，如果解决了这个问题，每个人在自己的位置上都恰如其分，虽然高低不同，但也能够合作、和谐，每个人都可以发挥自己的作用，这是最美的。我们不管是办大事还是小事，都应该遵循和的原则，就像有子所说的一样，如果典礼之中让该少吃的人吃多，让该坐着的人站着，那就是不以礼节之。“知和而和”，为了和的局面而变得老实，那也是行不通的。当一个社会的公平和正义得到落实，就会产生和谐，这就是儒家所追求的。

儒家的和谐辩证法不是以斗争为绝对目的。在二十世纪六七十年代，哲学界有一个争论：一分为二还是合二为一。中央党校有一位哲学教授，他认为不要一分为二，要合二为一。教授后来写了一本书叫作《我的哲学“罪案”》。这本书我在上大学的时候看不懂，后来才明白他在争什么，他是为中国的辩证法争地位，因为在他看来一分为二属于斗争哲学，这种斗争哲学是西方来的辩证法，总是讲斗争是绝对的，而统一是暂时的。斗争思想和扬弃思想也不同，而中国的辩证法不是讲斗争，虽然它也会有斗争，但最终是为了各自和谐，达成“一锅好汤”，是以“和”为最终指向。

当大家都讲一分为二的时候，这位老教授讲合二为一，努力提倡中国式辩证法。到了八十年代，随着社会的变化，大家逐渐认识到“和”才是最重要的，“斗则两伤，和则两全”，所以我们提出和谐亚洲、和谐世界，要求大家互相尊重。费孝通先生曾经说过：“各美其美，美美与共。”这个世界是多元的，我们要承认这种多元的存在，大家共同谋求合作、取长补短，而不是以我为中心，顺之者昌、逆之者亡，这样的话世界会越来越乱。

在现实之中，中国式辩证法虽然在语言上不能用公式来表达，不像有些人喜欢的数学一样科学，但它的取向讲求和谐、合作，就像做汤、做音乐，这样优美的东西值得我们坚持，只有这样世界才会好。你总得在承认、尊重一个事物的前提下，将其长处和你的长处结合起来。我们今天的世界不太平，就是因为总有人要争第一，做对的那个，拿着棍子要求顺我者昌。中国特色的辩证法强调共赢，互相尊重，多元协调，而做汤的比喻只是一种表达方式。

孔子认为做人就要做一个君子，做一个有德行的人，就要首先懂得“和”。如果是随声附和，就会失去原则，到处敷衍，这是小人的做法，也可能是坏人的做法。就像王安石变法的时候，蔡京就是“同而不和”，新法推出的时候他坚决执行，后来废除新法，他也坚决执行，这是他的权力的野心，最终是谋求自己的权力最大。这种人的行为在生活中不单是没趣味、没人格的表现，实际上更是不顾历史、不顾家国社会的坏人做法。

孔子强调每一个人做人都要有品格，要讲究“和”，要讲究不失原则地跟人合作，并不是为了一家独大。这个多元的世界需要合作，这就是中国辩证法的精髓所在。

孔子强调每一个人做人都要有品格，要讲究“和”，
要讲究不失原则地跟人合作。

第九讲 有教无类

课本里的《论语》

子曰："有教无类。"

——《论语·卫灵公》

孔子的教育

“有教无类”这一篇全文只有六个字。这里的“教”读第四声，意思是：我只有教这件事，我没有类的分别。“类”就是分别、不同，对待不同的人有不同的标准，或者是贫富，或者是地域，孔子认为自己只是一个教育者，所以没有教谁、不教谁的分别，这是他作为教育家的主张，因为受教者不能分三六九等，有钱就教、没钱就不教，这是违背教育基本职责的。

孔子所做的并不是免费教育，而是私学，因为免费的教育没法生活，孔子也不支持。《荀子》中记载了这样一则故事：有人对子贡说，你们夫子（指孔子）的门庭太杂，什么人都招，不好。善言辞的子贡

孔子像

就回答：大的医院病人种类多，大的弓箭矫正厂弓箭歪七扭八的情形也多。可是经过我们夫子一番矫正，一番教诲，这些有毛病的人都可以作为正常人回到社会。门庭杂，不正是我们夫了门庭的高明吗？所以孔子所谓的“有教无类”是需要学生自行缴纳学费，但并不会根据钱来确定教育内容。通过设立这样的私学，孔子打破了官学的局限。

孔子所谓的“有教无类”是需要学生自行缴纳学费，但并不会根据钱来确定教育内容。

从字义上来看，“有教无类”并没有过多的解释，除非去分析甲骨文之中“教”字的写法，这样也没必要。作为一种教育思想，“有教无类”体现了孔子的教育家风范，他做出了突破性的贡献，打破了官方办学的局限性，也就是国人和野人在教育上的不平等。

国人和野人

那么，什么是国人，什么是野人呢？

根据文献记载，我们知道孔子生活在春秋时期，属于封建时代。这里的封建时代和历史教科书所说的封建制并不是一回事，而是西周战胜了殷商王朝之后，因为人口不足二十万，为了控制东到泰山，南到江汉，北到燕山，西到陕甘，以及长江、淮河流域的大片土地，周人将群体化整为零，划分出七十多个地区，各个战略要地都建立一个封建邦国。封建邦国其实就是军事分治，是一个领袖带着家属和军队驻扎在这里，防止这一片的人造反，这就是封建。在地盘之中，将反抗的倾向压制住，然后兴礼乐文明，进行教育。可是周人在办教育的时候，只在国人群体之中办。以山东曲阜一带为例，周人作为闯入者在这里建立了邦国，带着很多河南地区的殷商移民、手工业者来开国，他们都住在城里，笼统地被称为国人。这些人在国中兴礼乐教化，文明也仅限于这个范围。广大的山东土著居民，被周人称为东夷，虽然自古以来他们就生活在这里，但只能被称为野人。对于野人，周人是不办学的。所以周人的封建制是贵族制，特别讲究等级分别。

孔子办学的时间是西周封建制即将解体的时候，这时国人和野人的区别要被打破，很多野人要进身，也就是出仕做官之类。所以《论语·先进》篇中说："先进于礼乐，野人也；后进于礼乐，君子也。如用之，则吾从先进。"这段话的含义一直有分歧，大致意思是说：先要学习礼乐再进身的是野人，出身高贵的人则先进身有官职，再学习礼乐。因为野人没有受过教育，所以要先有学历才能进身。而孔子却说：如果让我用的话，我从先进用，也就是从野人用。因为野人质朴、上进心强。这是孔子的时代，他的话所反映的是野人进身的状况，说明中国历史正在发生变化。这种状况之下，孔子办私学，打破国、野限制，也打破了周人和土著居民的限制，任何人都可以学习。

讥世卿出身论

先秦要结束的时候，吕不韦主持编写了《吕氏春秋》，其中《尊师》篇说："子张，鲁之鄙家也；颜琢聚，梁父之大盗也，学于孔子。"意思是说：子张这个人出身于鲁国一个很鄙陋的家庭，颜琢聚是梁父这个地方的盗贼，但是因为他们心向善，所以都在孔子门下学习。而且，他们最后都变成了一代人物。

《论语》中孔子还有一句话跟"有教无类"相关。孔门德行科中有一个弟子仲弓，与颜渊、闵子骞齐名。《论语》说过仲弓可以“南面”，意即他的才能可以做个诸侯，就是指他可以执政。《论语》对仲弓有这么高的评价，以至于后世的人都不敢轻易解读。在《论语》里，孔子提到仲弓的时候说：“犁牛之子骍且角，虽欲勿用，山川其舍诸？”意思是说：犁牛生的小牛犊通身赤红、没有杂毛，而且两个角很周正，这样的一个小牛犊如果不能献给神灵，神灵也不会答应。

“犁牛”的字面意思就是耕牛、笨牛，是做粗活儿的。但也有人认为“犁”和“狸”相通，意思是这牛的毛像狸花猫一样是花的，也就是一头杂花牛。第二种说法对应了其后的“骍且角”，因为“骍”的意思是动物通身赤红，一根杂毛也没有。而“角”的意思则是两角周正。按照周代的祭祀规定，祭祀天地祖宗的时候必须要选择两角周正的小牛犊，这样的牛犊是最好的。

杂花牛生出了一个通身赤红、两角周正的小牛犊，如果这样的小牛犊因为杂花牛的身份不好而不用来祭祀山川，就连神灵也不会接受。这句话提出了孔子的人性论，打破了血统论的观点。周代的贵族都是世袭制，要想继承诸侯的位子必须要看血统和出身，但孔子提出无论这头小牛犊出身如何，它都可以用于神圣的场合，就是俗语所说的“英雄不论出身，好汉不看来历”。从这个角度来看，孔子提出“有教无类”，不仅是不看血统看本事，而且是一种人性上的平等，是思想上的突破。

“有教无类”表达了孔子对人的基本看法，他用自己的人性论打破了血统论，而他之所以提出这样的观点并不是心血来潮，从《论

孔子提出“有教无类”，不仅是不看血统看本事，
而且是一种人性上的平等，是思想上的突破。

语》之中可以找到很多孔子关于人的看法。我们可以看到他并不保守，这是一种新见识，是对西周那种讲究“父传子”“家天下”的世袭制的突破。

儒家有一本经典叫《公羊传》，它专门“讥世卿”，就是讥讽那些老子死了儿子接班、世世代代相传的人。之所以这样，是因为世卿制度并不是遵循举贤人的原则，而儒家思想在政治上特别关心举荐贤才。

在一些文献之中记载，舜的父亲瞽叟是一个眼瞎且内心蒙昧的糊涂老头儿，整天向着后妻，欺负前妻所生的儿子舜，后母是一个碎嘴子，而且说他家经济条件不好，人文环境挺差。但舜是一个大孝子，最后被尧推举做了帝王。禹的母亲据说是吞了草籽生了他。契是殷商的老祖宗，他的母亲去野外踏青，结果遇到玄鸟下蛋。契的母亲吞了玄鸟的卵才生下这个儿子。周人的始祖后稷就更厉害了，他的母亲也是在春天的时候外出，踩在一个石头上的大脚印上，一激灵就怀孕了。这三个人按照古代的传说都是感天而生的，没有父亲。于是就有学生问孔子：老师，这三个感天而生的孩子多么神圣高贵，但他们为什么会接受作为生人的舜呢？孔子的回答非常简洁：因为舜比他们都贤明。就算你是天生的，也要落到才干上。舜虽然不是天生，但他贤明，所以要接受他的领导。这句话其实和“有教无类”有相同之处。

孔子造就人，强调不看一个人的出身、背景，而是看他的才干。这种思想突破了西周贵族办学只在国中办不在野办的局限，这是有形的突破。而在人性论和血统论上，孔子的思想打破了传统，教育大家要做一个贤明的人，这是无形的突破。

孔子造就人，强调不看一个人的出身、背景，而是看他的才干。

孔子的成人教育

现代教育的所谓成人教育，概念就来自《论语》。作为一部经典，《论语》是我们一个民族的语言，几乎是我们无意识的词汇来源。在《论语·宪问》这一篇之中，子路问成人——一个完美的、符合君子理想的人——是什么样的，孔子说："若臧武仲之知，公绰之不欲，卞庄子之勇，冉求之艺，文之以礼乐，亦可以为成人矣。"

臧武仲是一个侏儒，但他有预知未来的能力，他到齐国的时候就预知齐国君主要完，为了避难他连齐国君主的赏赐也不要。这是一个懂得温故知新的人，别人不管是根据直觉还是根据各种线索推断，都承认他聪明，他能够从各方面的迹象推测未来，所以被称为智者。公绰就是指孟公绰，他没什么特点，清心寡欲。卞庄子有时候也写作孟庄子，他是一个有勇有谋的人。他的父母活着的时候，卞庄子在鲁国的军队中打仗三战三败，没有任何功劳，所以鲁国的男人都不愿意和他坐一起吃饭，聊天也不搭理他。后来卞庄子的父母去世了，他去打仗的时候总是很勇猛，接连冲入阵中杀敌，剥了敌人的铠甲。第一次他是为了雪耻，但之后再三冲锋陷阵的时候战死了。此时大家才知道他原来不勇是因为孝悌，父母去世之后才勇，这是有轻重缓急、有勇有谋，并不是一味地瞎勇敢。所谓暴虎冯河，就是赤手空拳打老虎、光着身子游大河，这样的勇敢要不得，那是找死。而像卞庄子有节制的勇敢，才是真的勇。最后一个人冉求就是冉有，他多才多艺。

所以孔子这段话的意思是：一个人要像臧武仲一样有智慧，像公绰一样清心寡欲，像卞庄子一样有勇有谋，像冉有一样多才多艺，通过向他们学习，再懂礼乐，也可以成为一个成人。

孔子倡导向人学习，向人学做人。虽然人无完人，但每个人身上都有很多优点，只需要“择其善者而从之，其不善者而改之”。不需要学习藏武仲的个头小，而是学习他的智慧。不需要学习公绰才智，而是学他清心寡欲。不需要学习卞庄子寻思，而是学他的勇敢。孔子说这些话的时候，这几个人都是古人、老前辈，而冉有还活着，并且他还是大家的师兄弟，孔子认为他身上的长处大家也应该学。向人学习不分高低远近，这就是人文世界，在这个世界中我们每个人的品质都有值得学习的长处。

向人学习不分高低远近，这就是人文世界，在这个世界中我们每个人的品质都有值得学习的长处。

学习了这些人的品质，再学点儿礼乐，懂得礼乐也就懂得了制度上的东西，那就是一个完美的人。有智慧、不欲、有人道、有心性、勇敢、多才，这样的人很完美也很难。所以孔子又说“今之成人者何必然？见利思义，见危授命，……”意思是今天做一个成人哪里一定要这样？见到利益的时候想想该不该拿，国家有危难的时候能不能把命交出来，就可以了。

在这之前孔子讲的都是细腻地做人，而这一段话他说的是如何在乱世之中见利思义、见危授命。一能舍利，二能舍命，三就要不忘平生之言。这里的“要”是约定的意思。比如出师之后，一开始精神饱满、志向高远，可是过了几天穷日子，吃饱饭是人，吃不饱饭就变成了小人，整个人都落拓，一点理想都没有了。所以，就算再困顿，过去的志向也不要忘记，这就叫成人。

别因为生活困顿，找不到工作就变得跟落汤鸡一样，人如果在现实中落魄，内心也会落魄，这就脱离了儒家的本分。儒家的乐观文化就是要求在困境之中不要丢了乐观情绪，如果

人如果在现实中落魄，内心也会落魄，这就脱离了儒家的本分。儒家的乐观文化就是要求在困境之中不要丢了乐观情绪

> 人活着经常需要策动自己，要久不忘生平之言，就可以做成人。

遇到点事就跳楼，那是情商不足的表现。所以儒家强调大情商，孔子自己曾经碰壁七十多次，最后一次在楚国碰壁，但他还是乐而忘忧、发愤忘食，这是蓬勃的生命力，是高情商。人活着需要经常策动自己，要久不忘生平之言，就可以做成人，实际上这也是孔子的教育目标，要做到“有教无类”。

孔子的教育目标是造就更多的成人。以子路为例，孔子总是骂他，说他“乱弹琴”“好勇”。但是《雍也》篇里记载，在孔子晚年的时候，季康子问他：“仲由可使从政也与？”意思是子路可不可以从政。孔子回答说：“由也果，于从政乎何有？”意思是子路这个人很果敢，从政对他来说有什么呢。注意此时孔子不再说子路“勇”，而是说他“果”。“好勇疾贫乱也”，勇是暴力的，而“果”则是勇敢的提升态，是从勇敢进入到成熟的品质，成人的果敢就是办事豁达干练，该下决定就下决定，该保守就保守，该进攻就进攻。这个典型的例子再一次印证了孔子的成人教育目标。

孝悌与政治

孔子提出“有教无类”，就是要造就更多的君子，虽然贵族君子没落了，但孔子提倡的是文化的君子。

在《为政》篇之中，有人问孔子：“子奚不为政？”意思是你为什么不去参政呢？其实这个问题有点儿哪壶不开提哪壶，因为孔子本身是愿意参政的，但没人理他。可是孔子的回答是：“《书》云：‘孝乎惟孝，友于兄弟，施于有政。’是亦为政，奚其为为政？”意思是《尚书》里说孝道就是孝道，我们将孝道推广到兄弟那里，然后推行到政治上，让每个人都孝悌，这就是政治。这其中有儒家对政治的基本看法。

中国人对政治的看法很有意思，《论语》之中定义政治：“政者，正也。子帅以正，孰敢不正。”意思是“政”就是引导人民走正确的道路，这一点和西方的政治起源不同。西方政治起源来自希腊语，今天的警察身上都写着“policeman”，这其中“police”的词根就是希腊语，是指城邦。所以西方政治不是说正确与否，这一点和中国政治不同。孔子认为我不从政其实和从政是一样的，因为我在教授孝友之道，让更多的人民知道孝悌就是政治，就是要引导人民走正确的道路。所以孔子办教育跟政治是相通的，因为他是为了教化民众。

总之，“有教无类”的思想内涵很丰富。其一，在人性论方面，它是哲学，认为人不能看世袭，这与儒家讥世卿的意思一致。其二，在历史上它有一个突破，将西周贵族只在国中办教育的局面打破，给野人、一般土著居民办教育。孔子的教育让更多的人成为成人，成为人格上比较完美的人，所以这几方面构成了孔子的教育家形象。当然，之所以说孔子是教育家，是因为他还有一个教育成果。孔子晚年的时候，在鲁国等国家政坛上活跃的很多人，譬如子贡、子路等，都是孔子的学生。孔子一生落寞，但是有老年福，自己的学生龙象成群，在各方面崭露头角，对老师来说就是最幸福的了。

孔子作为一个教育家，还对历史文献进行了一番整理、删削，让这些教材流传下来。这是一个历史的断与连之间的弥补，我们甚至认为如果没有孔子的整理，可能这些教材都会随风散了，因为那帮落魄贵族根本不知道这里面有好东西，这样的话对文化的损失可就大了。

“有教无类”四个字虽然简单，但它的含义需要我们认真对待，它让我们了解了孔子为什么这么做，他针对的是什么，顺着这个道理他又做了什么。

课本里的《论语》

第十讲

学而不厌，诲人不倦

子曰："默而识之，学而不厌，诲人不倦，何有于我哉？"

——《论语·述而》

默而识之

这句话之中的“识”，一般读作 shí，但是在有些语境之中读作 zhì，意思是记住。“默而识之”的意思就是学习要默默地往心里去，要记住，要做一个有心人。

学习这件事需要你善于观察，过去有一句老话叫作“师傅领进门，修行在个人”，还有一句话叫作“教会徒弟，饿死师傅”。所以在过去的时代，师傅并不是真的教你，而是需要徒弟自己去体察。作为老师，如果境界不高，又因为生计所迫，就会出现这种情形。过去的艺术家学艺时，师傅带进门去学习唱戏，想要让他教你，门儿都没有。人家在唱戏的时候，你只能看，然后再模仿，“默而识之”。这是一种极端的情况，老师怕饿死所以不愿意教，但也有的是因为没法教，也需要你认真去体察。

当年，启功先生写过一篇文章《故宫古代书画给我的眼福》，讲

颜回像

学习就要做一个有心人，
就算老师教给你，如果你不用心，也是没用的。
所以，“默而识之”所藏的一个含义，就是学习要有主动性。

他在故宫博物院工作的时候，老前辈将故宫的很多字画都拿出来甄别，然后开始分类。老先生的身边跟着一群年轻人，都在打杂。老先生讲画的真假时，启功就会用心记住。这些年轻人中成为书画界名家的并不多，因为这需要“默而识之”，需要做一个有心人。

在《论语》之中，孔子评价颜回是一个比较沉默的人。在《先进》篇中“子曰：‘回也非助我者也，于吾言无所不说。’”孔子认为颜回对自己没有帮助，因为他说什么颜回都高高兴兴地接受，不像子路和子贡经常会反问，可以激发他。在《为政》篇中：“吾与回言终日，不违，如愚。退而省其私，亦足以发，回也不愚。”他又说我和颜回说一天话他也不会违背我，没有相反的意见，好像笨笨的。而在他私生活里的一些做法，是和我教他的相符的，也就是他记在心里，并将它落到了实处。直到此时，孔子才说颜回并不笨，而是沉默。学习就要做一个有心人，就算老师教给你，如果你不用心，也是没用的。所以，“默而识之”所藏的一个含义，就是学习要有主动性。

学而不厌

“学而不厌”是儒家的一个态度，在《论语》开篇，第一个字就是“学”。学习不能厌倦，庄子曾经说“吾生也有涯，而知也无涯”，当然，他的结论就是你学了也没用，“以有涯随无涯，殆已”，意思是以有尽之身追随无尽之思考，疲累至极。庄子的态度是强调返回我们的内心世界，所以这不算他错。但是儒家认为我们要不断学习，朱熹说过“问渠那得清如许，为有源头活水来”，世界在不断变化，如果你的知识体系一旦封闭，就没有了源头活水，你就会变成一潭死水，就会僵化，所以“学而不厌”。

孔子曾经说我自己就是一个“学而不厌”的人，这样的故事并不在《论语》中，而在《荀子》里。据《荀子·大略》记载，子贡倦学，就问孔子：“赐倦于学矣，愿息事君。”孔子就问他：你不愿意学习，那你想干什么呢？子贡表示想去侍奉君主。孔子说《诗经》里说了，侍奉君主需要“温恭朝夕，执事有恪”“事君难，事君焉可息哉？”孔子对《诗经》信手拈来，引用了《商颂》的话说，作为一个大臣，必须要温和恭敬，早请示、晚汇报，要恪守自己的职责，所以侍君谈何容易，你怎么能休息呢？子贡听说侍君不能休息，就表示我可以回家侍奉亲人，陪着爹妈难道还不能休息吗？孔子又说：哎，这也难，“孝子不匮，永锡尔类”“事亲焉可息哉”。意思是做一个孝子要任何事情都不缺乏，这样的话你也不能休息。子贡又表示我干脆娶个老婆生几个孩子，“然则愿息于妻子”，组个小家庭总可以歇一歇了吧。孔子又说：“刑于寡妻，至于兄弟，以御于家邦。”这也是《诗经》中的话，意思是我们做丈夫的要给妻子树立典范，还要将这种典范作用推广到兄弟中去，再推广到家邦之中，所以想要休息也难。子贡一听这样的话，就说：我干脆交朋友吧，在朋友圈里待着去。孔子又说，《诗》云：“朋友攸摄，摄以威仪。”意思是朋友之间要互相提携、警示，不要忘记威仪。子贡又说那我去种地吧，孔子又说，《诗》云：“昼尔于茅，宵尔索绹，亟其乘屋，其始播百谷”“耕难，耕焉可息哉？”意思是种地也不容易，《诗经》早就说了白天去打茅草，晚上赶紧编织绳子，赶紧登上房顶修葺，然后就开始播百谷，春天到了，耕种多难，你怎么可以休息呢？子贡一听，只能说：“然则赐无息者乎？”意思是难道我端木赐就不能休息了吗？孔子说：“望其圹，皋如也，巅如也，鬲如也，此则知所息矣。”意思是你往远处去看，那里高出一块、鼓出一块，像一个倒扣的锅一样的地方就可以休息了。他所说的是坟。

这段充满了趣味的对话，孔子是在鼓励学生，但又有儒者风范。他引用了《诗经》的话来回答子贡想要休息的问题，庄子后来也学习这个方法，讽刺大儒和小儒。他说大儒领着小儒去挖坟，一边挖坟一边撬人家牙，寻找嘴里的珠子，这当然是庄子的调侃了。

这段励学的文字很有意思，通过孔子和学生的对话告诉我们，人活在世界上没有什么地方可以偷懒。不管你是种地、娶妻还是侍君，都需要一个活着的态度。所以不断地学习、不断地工作，这是人的特点。

“学而不厌”的关键在于一个人要有高的志向。孟子说“是士尚志”，只有一个“尚志”的人才会对自己严格要求，学习的劲头才大。一个功利主义者只想着吃饱饭就好，而《论语》也说过“君子谋道不谋食。耕也，馁在其中矣。”你以为种地就可以有粮食吃了，但挨饿的都是农民。所以要志存高远，想问题要远大一点儿，认为有一些知识就足够，种地不需要看书，那就坏了，调门低了，所以做人要“尚志”。

在《述而》篇里，孔子说“德之不修，学之不讲，闻义不能徙”，这是他的忧虑所在。一个人要问自己：我德修了吗？我讲学思考透了吗？听到好的道理，我是否让好的道理变成我的行动呢？有不善的行为，我能改吗？如果心存这样的忧患，就和“士尚志”一样，可以刺激学习。

总之，一个人的格局小，不是体量小，而是志向小导致的。对自己的期待太过功利，格局就会小，所以孔子说我们应该“学而不厌”。《述而》篇里面记载，孔子晚年的时候周游列国，山穷水尽的时候来到了楚国北部，这里的领导是叶公。孔子就让子贡先去打前站，和叶公谈一下。结果叶公就问子贡孔子是什么人？子贡回答不上来，就回来问老师。孔子说：哎呀，你怎么不说他的为人是“发愤忘食，乐以忘忧，不知老之将至云尔”。意思是他非常上进，学而不厌。

孔子一生上进好学，不管是三十而立、四十不惑、五十知天命，他都是奋进的。他能说出这一番道理，是因为他本身就是一个精神饱满、元气十足的人，本身就有策动性、感动性。

诲人不倦

“诲人不倦”这句话之中的“诲”其实和“教”是有区别的，古人注释《论语》的时候就注意到了这个问题。“教”就是一般的教育，而“诲”是带有启发性的，意思是不断启发别人，从来也不知道累，这是一个教育家的态度。

《述而》篇中，孔子说“自行束脩以上，吾未尝无诲焉”，意思是只要你拿上束脩，我就可以教，可以启发你。束脩是指十个小肉干组成的一个小捆，是低廉的学费。因为孔子也需要吃饭，所以他会收取低廉的学费，但只要有来学习的意思，他就会该教就教。

《述而》篇中还有一个比较奇特的故事：“互乡难与言，童子见，门人惑。子曰：‘与其进也，不与其退也，唯何甚？人洁己以进，与

一个人的格局小，不是体量小，而是志向小导致的。

其洁也，不保其往也。'”这里的互乡是一个地名，有人认为是河南鹿邑，但也有说鹿邑是春秋之后才有的，孔子的时代不会有这个地方。王应麟《困学纪闻》里说这个地方在河南，还有一个版本说在徐州附近的合乡。《大清一统志》又说它是今天河南省淮阳县这一带的商水县。但是后来也有学者认为互乡这个地方的人难缠，有点儿不对劲，所以标点应该是“互乡难与言童子，见”，意思是互乡有一个难与说话的小童子见孔子，孔子就见了。这两种不同的读法也有学者不认同，认为这是一种俗话。它的意思基本上就是：这个地方的人难缠，来了一个童子和孔子相见，学生们感到困惑，孔子就说，人家想要跟我们学点儿什么，这是要求进步的表现，你不要管人家难言不难言，我们就要帮助人家向前走，不能促使人家向后走。孔子的意思是，别人想要学习，你拒绝就是不成人之美，我们做事为什么要这么过分呢？人家来见你的时候干干净净，那你就成全他的“洁”。

“不保其往也”，意思是他走了之后是否干净，你就管不着了。这里，也有一个“有教无类”的意思。不管你是什么人，只要拿着学生的态度来向我学习，我不说你是坏人我不教，只要你礼数够了，拿出真实的学习态度了，我就教你。你离开我之后是什么样子，我管不了。这种态度冷静、客观，很难做到。我们往往因为对别人有成见，一见他就讨厌他，这其实是不大方的表现。《论语》读到这个地方，我们要学习这种“与其进也，不与其退也，……人洁己以进，与其洁也，不保其往也。”的态度，不做过分的事。这个火候难拿捏，做到诲人不倦就可以做到这一点，不是我不怕累就行，而是你要将内心的那个疙瘩抚平，才能够公平对人。

我们要学习这种“与其进也，不与其退也，……人洁己以进，与其洁也，不保其往也。”的态度，不做过分的事。

《论语》中还有一段文字，我们可以和“诲人不倦”联系起来看。

《述而》篇讲，子曰：“若圣与仁，则吾岂敢？抑为之不厌，诲人不倦，则可谓云尔已矣。”意思是孔子说：说到圣和仁，我不敢当。但是在努力作为、努力教人方面我从来不倦怠。孔子自认虽然不是圣和仁，但是在知识学问的传播上在不断努力。这段话告诉我们：第一，孔子自认为自己是走在圣贤路上的人，并不是一个达到目的的人。第二，孔子引导大家一起走，所以他要不断去做，不断启发别人一起走。针对这种态度，公西华就说了一句“正唯弟子不能学也”，意思是这正是我们做弟子的学不到的。

何有于我哉

“何有于我哉”这句话的意思一直被认为是“这对我有什么呢？”做一个有心人，不知疲惫地学习、教育别人，这对孔子来说没有什么难的，因为他一辈子就是这么走过来的。但是也有人对此提出不同的意见，认为按照先秦语例，这句话的意思是：我孔丘在你眼里又算个什么呢？就是说如果你可以做到默而识之、学而不厌，像我孔丘一样的话，我又算什么。这种理解结合上下文就有点儿别扭了，对我个人而言，还是要遵循传统的解释，意思是我从小好学，做一个有心人来学习，从不倦怠，不断接受新的知识和启发，用自己的知识去教化别人，格物致知，这件事对我来说没有难度。因为其中涉及要做一个学习的有心人，孔子在《论语》第一篇就说“学而时习之，不亦说乎”。我们在学习生活中遭遇到困苦，就会倦而却步，而要做一个有心人，就要如饥似渴不停地学习。

我读中学的时候，有一个同学去问教务长，教务长对此很不耐烦，问他是哪个村的，学生回答之后，教务长说：那个村没有好学生。说完撒腿扭头就走了。这位老师的一些事情我至今都记忆犹新，他对学生也不好。一个学生来问问题，你不教也不至于将整个村的人都得罪了。在读《论语》的时候，我们也自我反思，不能那样做。

从这段文字可以看出，儒门对于学习这个事记了很多。比如子贡说自己学习累了，想要换个事情做，孔子就用《诗经》的话来教训他。这件事我觉得未必是孔子做的，但后人写了这样的文字，就很有趣味，这属于儒门特有的文学。通过这个故事，我们就可以理解“学而不厌”，也可以了解孔子一辈子好学，作为一个老师他有师者“诲人不倦”的风范。

【第十一讲】知者乐水，仁者乐山

子曰：“知者乐水，仁者乐山。知者动，仁者静。知者乐，仁者寿。”

——《论语·雍也》

知者与仁者

这一段文字之中有一个特殊之处，就是“乐”字。在这里，这个字一般读成 yào。如果查一下古代汉语词典，就会发现专门标出了 yào 的读音。它是喜欢、嗜好，能从中获得快乐的意思。

“知者”在这里读作“智者”，在《论语》中智慧的智基本都不写作智，这个“知”就是智的本字。汉字发展有本字和后起字的关系，所谓本字就是原来的字，比如智慧的智。还有一个更加明显的例子，就是“莫”，我们今天说“莫”是表示否定，而实际上“莫”字的篆书是四个草，中间一个太阳，它所会的意是太阳落到草里，也就是太阳下山的意思。所以这个字本来读作暮 mù，但是后来因为有了“莫”的意思，于是在草底下加了一个“日”变成暮，并不是两个太阳落到草里，而是作为“莫”的后起字。这并不是通假或者假借，而是本字和后起字的关系。

在三国曹魏时期有一个叫何晏的人写了《论语集解》，他引用了东汉包咸的一段话来解释上面那句：“知者乐运其才知以治世，如流水而不知已。仁者乐如山之安固，自然不动而万物生焉。日进故动。孔子曰：‘无欲故静。’”按照《集解》所引用包咸的解释：“智者”用才智如同流水，总在变动，没有停息，流水不腐。“仁者”像山一样安固，自然不动，生长万物。这样的解释涉及中国古代对山川的理解，古人认为这些东西都是生养我们的天地，是人类赖以生存的条件，各种物质就是我们的生活所仰赖的东西。所以，在《诗经》时代就对山有描写，比如“秩秩斯干，幽幽南山”“节彼南山，维石岩岩”。高山也有一种君主的象征。

仁者为什么喜欢山，智者为什么喜欢水，朱熹的解释和前人有所不同。他在《四书集注》中说：“乐，喜好也。知者达于事理而周流无滞，有似于水，故乐水；仁者安于义理而厚重不迁。”意思是知者的智慧在不断运转，不会停滞、僵化，就像活动的流水，两者气性想通，所以乐水。仁者重视义理，重视固定、笃定的东西，有所坚守，所以乐山。

那么管仲是不是一个仁者呢？“管仲相桓公，霸诸侯，一匡天下，民到于今受其赐。微管仲，吾其被发左衽矣。”孔子认为管仲九合诸侯不以兵车，“管仲之力也”，这就是管仲的仁。作为一个政治家，管仲做出了自己对民族的功德，这是仁的一种含义。

朱熹认为“仁者安于义理厚重不迁”，他眼中的仁和管仲的仁略有区别，他认为做人的时候要有意志力，要有定力，这种人安重如山，他眼中的仁就是一种比较稳定的个人气质。

《论语》中还有一句与它很相似的话：“知及之，仁不能守之；虽得之，必失之。”大意是说做事情的时候虽然知道这个事的道理，但要将它落实到自己的行为中去，又是另一回事。这就像很多男性喜欢抽烟，医学早就告诫我们抽烟有害健康，虽然我们都知道，但戒烟一百多次也没有成功。这就是说没有将道理变成一种实践的准则，让它主宰你的生活，让它替你做主。既然知道抽烟有害健康，那就和烟断绝，这也是“知及之，仁不能守之”。这里的“仁”和“仁者乐水”很相近。

人的精神气质，需要有智的才智和仁的厚重、笃定，这样就能把道理变成自己的行为，而不是停留在知识层面。我们每个人行走坐卧的很多方式都是下意识来决定的，所以过去有人说知识进入你的意识层面是知识，意识进入你的无意识层面才是修养。这句话又应了过去孔子所说的“少习若天成”，习惯成自然。

知识进入你的意识层面是知识，意识进入你的无意识层面才是修养。

> 智者偏于才智，仁者偏于气质。

朱熹说："乐，喜好也。知者达于事理，而周流无滞，有似于水，故乐水；仁者安于义理，而厚重不迁，有似于山，故乐山。"结合我们的生活经验，给它渗入进去，就是智者偏于才智，仁者偏于气质。《论语》里也说过君子要厚重，否则"学则不固"，学什么也学不到，"虽得之，必失之"。

朱熹认为动和静这两种气质的本体就是事物的本来样子，"动静以体言，乐寿以效言也"。乐和寿是这两种精神状况所决定的，所取得的人生效果，你是一个很聪明、偏于才智的人，经常在运用才智的过程中获得你身心的幸福。你是一个仁者，就会在这种安稳厚重当中获得另外一个效果，静而有常固寿，你动就不会僵化，所以你会经常快乐。静有常态、常道，不为外在诱惑，内心不摇晃。其实道家也在讲人的欲望多了会伤及内心世界，所以这句话是说德行才智关乎你的人生福祉。

山水悟道

从义理上来讲，这句话对我们的启示就是要求我们不断接受新鲜事物，让才智状况经常活跃，保持对知识的求新，对事物认识的不断进取。人老就是心老，像我已经五十多岁，做了这么多年老师，我觉得我的知识教这点儿书足够了，一旦进入这个状态就会进入死机状况，这就是老话所谓"为有源头活水来"，一片水无论再大，一旦静止，做不到周流无滞、常学常新、去故求新，也会马上变质，就算你是太平洋也避免不了。知识和智慧也是一样。所以精神上要不断进取，会让你的精神处在愉悦状况，这既是德也是福。你不学习，不让自己觉得亏欠，或者因为你是老资格或者有经验，就放弃对新知识的追求，那就变成死水了，你的精神也会变得枯燥。

这句话还提醒我们“仁者寿”，一个人心理稳定、志向坚定、有所操守，就可以拒斥很多外来的诱惑，这反而容易健康长久，这就是德行、才智和我们生活之间的关系。我们生活在这个世界，就像是鱼儿游在水塘里，有些是食物，有些是诱饵，你咬了诱饵就会被人钓起来。古诗里有一首《枯鱼过河泣》，讲的是一条干鱼儿过河的时候不断地哭泣，告诉同伴要慎重出入，慎重地咬鱼钩，不是所有东西都可以去吞，有些地方要有操守才能获得生命的延续，这就是智慧。德福一致，有一分德就会有一分福，因为我们每个人生存，生命是第一要务，生命状况是我们追求快乐、长久生活的基础。体育运动、吃药治病都是其次，有些东西不可少，当你有病去看大夫时，你就不能完全把握自己的生活了。孔子强调我们要注意在知性上不断进取，要有所操守，一动一静结合好，我们的生活就会又快乐又长久，这是这段话提出的智慧。

一个人心理稳定、志向坚定、有所操守，就可以拒斥很多外来的诱惑，这反而容易健康长久，这就是德行、才智和我们生活之间的关系。

从形式上看这段文字，我们不要以为儒家是老古板，实际上这里面显示了孔子对生活的一种体味。在《论语》里还有一段话，孔子曾经说过“逝者如斯夫，不舍昼夜”，所以我们会说“逝者如斯”，苏东坡在《赤壁赋》中也说“逝者如斯，而未尝往也。盈虚者如彼，而卒莫消长也”。如果你是站在岸边看，水就会流过去；但如果你顺着水漂流，以水观水，水就永远也不会过去。

孔子和水之间的关系有很多记载，最早关于他登山临水的故事就在《孟子·尽心上》篇中：“孔子登东山而小鲁，登泰山而小天下。故观于海者难为水，游于圣人之门者难为言。观水有术，必观其澜。日月有明，容光必照焉。流水之为物也，不盈科不行；君子之志于道也，不成章不达。”

这段文字从孔子乐山乐水的言论发展而来，所以这是中国最早的山水文学，或者叫作山水悟道文学。我们生活在这个世界，很多道理都是通过体味大自然得出来的，中国的诗篇中“呦呦鹿鸣，食野之苹”，用鹿呼朋引伴的行为启示我们的生活也应该和朋友、亲戚、社会同道分享。而孟子说孔子登东山就觉得鲁国变小了，登上泰山觉得天下都变小了。这里的东山是指距离曲阜二三十公里的蒙山。这种说法是讲登高可以开拓人的心胸和眼界。后来的中国文学中有一类叫作“登高而赋，可以为大夫”，是说你作为一个治国者、领导者，有一项本事你要会，那就是当我们登上高山内心豁朗、眼界变宽、激情澎湃的时候，你不能光在那里嚎，你得会写诗、写赋。我爬香山的时候，经常看到有人登上高山一高兴就做狼嚎状，而登高而赋是士大夫的本能和本领。从汉代到清代的中国文学中总能找到赋、诗，所以登高赋诗更是一种传统。

“观于海者难为水”，因为你心胸大、见过世面、登过泰山，就将天下看小了。这就像看过大海的人，再也不会为小河沟的水而激动。“游于圣人之门者难为言”，有人到圣人门前学过道，你再拿一些小道理就感动不了他。“观水有术，必观其澜。”观水是有一些门道、途径的，应该要观它的波澜。水流“不盈科不行”，盈科就是沟坎，水不将沟坎灌满就不会向前继续流动。“君子之志于道也，不成章不达”，是说君子做事不做出一定规模就不会向更远处推动。孔子带着学生登上山之后，大家各言其志，可见儒家很注意体育锻炼。

虽然今天的奥林匹克体育运动很多项目都来自西方，但是儒家讲求六艺，骑马、射箭都是很好的体育锻炼。《礼记》讲射箭不只是体力的比拼，还比赛心性。箭靶是否可以被射中，不只是外在问题，更在于你能将心静到什么程度。“仁者静”就是考验一个人内心是否稳定，是否能安稳住自己。孔子说“智者动，仁者静”启发了孟子的山水悟道，在《论语》之后还有很多人注意到了这一点。

道家也讲水，认为它至柔至刚，而且《老子》认为水向下流动就像一个做领导的人，必须要“众水归之”，你必须要处于一个低下的位置，众水才能归你，你才可以是江海王。道家还有一句“上善若水。水善利万物而不争，处众人之所恶，故几于道”。他们认为最善的是水，因为它润万物，却从来不争，还专门向下流动，处于大家都厌恶的下方，所以水接近道。

从这其中，我们看到儒家对水的观照更偏重于德，而道家更偏重于对道的比喻。虽然两者有所区别，但他们都认为水能带给人启发。在之后的文献中，也可以看到孔子和学生之间关于水的问答，要注意这些文献的真实性和文学性。比如孔子说过水之后，《论语》和《孟子》都做了记录，后来的《礼记》以及比它更晚的《韩诗外传》也记录了这些文献，后来者的一些想象就渗入进去了，文学性更强了，但真实性就需要斟酌了。

《韩诗外传》卷三的二十五、二十六章中关于水有这样的记载：孔子回答学生说“夫智者何以乐于水也？”意思是智者为什么会喜欢水呢？“夫水者，缘理而行，不遗小间，似有智者”，意思是水在流动的时候有自己的道路，从来不遗漏小缝隙，将它们全都灌满，这就像智者。“动而下之，似有礼者；蹈深不疑，似有勇者”，是说水每次行动向下奔走，又像对人彬彬有礼。从万丈之上哗啦啦流下来，就像勇敢地赴汤蹈火。“障防而清，似知命者”，是说水流动时有时会浑

孔子将释迦牟尼交给老子

浊，但你将它堵起来，它会越来越清澈，这就像是知命者，像君子一样澄澈。“历险致远，卒成不毁，似有德者”，是说水不管走多远，都要达到它最终的目的，这就是有德行。“天地以成，群物以生，国家以宁，万事以平，品物以正。此智者所以乐于水也。”正是因为有了水，万事万物才得以生长，国家得以安宁，这就是水的智慧。道家认为水是成全万物的，这一个观点就和儒家很像。

在之后的一章之中，“问者曰：‘夫仁者何以乐于山也？’”《韩诗外传》回答说：“夫山者万民之所瞻仰也，节彼南山，维石岩岩。赫赫师尹，民具尔瞻。”这是说万民都仰望终南山，它高耸入云、层峦叠嶂，你们这些显赫的官员也是万民所瞻仰的。“草木生焉，万物植焉，飞鸟集焉，走兽休焉，四方益取与焉。”这是说你看山上有草木、万物，飞鸟也飞向山，走兽也在那里休息，四方的人民总是从山上打柴、狩猎得以维生。“出云道风，嵷乎天地之间。天地以成，国家以宁。此仁者所以乐于山也，《诗》云：‘太山岩岩，鲁邦所瞻，乐山之谓也。’”这是说山可以出云、道风、通天地。在《国语》和《说文解字》等典籍之中，认为“山者，宣也”，古人认为山峰是宣导大地之气的一个场所或条件，天地之间的生气是通过山来显示。后面所引用的《诗经》内容出自《鲁颂》，是鲁国人赞美泰山的文字。这一段话又是另外一种意义上的山川颂。

汉代的董仲舒也讲天人感应，也写山川颂，和《韩诗外传》的文字很像，也许是抄过来略加改动，在这个过程中向后传续，这也是中国文献的一个特点。

中国的山水文学实际上到了南北朝时期才有了大发展，有两种动力让中国人喜欢山水：一个是孔子登东山而小鲁，登泰山而小天下；另一个是知者乐水、仁者乐山。经过孟子、《韩诗外传》的推波助澜，以及道家寄情山水悟道的推动，再加上其他原因，在南北朝时期终于爆发了山水文学的高潮。山水文学、山水画在中国的出现，是有一定的时间和因缘的。

仁者寿的本意

关于孔子说“仁者寿，智者乐”，还有一个小疑问。颜渊是孔子弟子之中德行最好的，位列德行科的老大，但老早就死了，比孔子还去得早。对此，曾经在注解《论语》的时候引起过讨论。

魏晋南北朝时期，建安七子之中有一个才子叫徐干，他写了一篇《中论》提出了这个问题：“孔子称仁者寿，而颜渊早夭；积善之家，必有余庆，而比干、子胥身陷大祸，岂圣人之言不信而欺后人耶？”然后徐干自问自答对此进行了解释，他以东汉荀氏家族为例说明“仁者寿”的道理：“古人有言，死而不朽，谓太上有立德，其次有立功，其次有立言。”在古人看来一个人想要不朽，首先是立德，比如尧舜、孔子一样为万民树立了榜样。其次是立功，像管仲尊王攘夷，捍卫了华夏文明。其他人虽然没有做到这个程度，像孟子和庄子一样只留下了经典著作，这样的人死后形体虽然都没了，但精神永存，这就叫作“寿”。

徐干看来寿有三种，有“王泽之寿”，有“声闻之寿”，有“行仁之寿”。所谓“王泽之寿”是国家政治好，没有战争，大家得其所，百姓得其天年。所谓“声闻之寿”就是有好的声名永远传下去。所谓“行仁之寿”就是像仁者一样内心安定，获得自己的生命期限。所以，虽然颜渊早死，但他是一个有德行的人，被后人称赞，尤其是魏晋南北朝时期的人们对颜渊的喜欢甚至超越孔子，这也叫作“寿”。

徐干的回答是否为孔子的本意，需要大家思考。在这段话中，我们可以看到孔子从大自然中得到启悟，这种类比思维不是必然的判断，他看水从而感悟人生要有智慧，要不断去故就新、生生不息，这样你会快乐。他看山从而感悟要像山一样安稳，给万民提供生养的资本，这是仁的行为。作为人，我们每个人的德行应该安稳、内心要笃定，少受诱惑、少进陷阱，这样的人大多可以长寿。这完全是一种文学的感悟，因为他的思维方式是文学的，看到美景就会想到道理。并不是说美景必然会推出这个道理，我倒觉得这是《论语》特别可爱的文字之一，它展现了不一样的孔子，说明他不是一个古板的人，他在万事万物中体味生活的道理，发现自然的真谛。所以，这段文字可以看作是中国山水文学的发轫，最早的启迪。

中国的宇宙观

在《子罕》篇中有一段文字："子在川上曰：'逝者如斯夫！不舍昼夜。'"这里的"川"是哪儿，很多学者有不同的理解。

我们看孔子的足迹，发现他家门口就有很多水。今天的曲阜人依旧会说"圣人家水"，意思是圣人家门前的水和别人不一样，别的水都是从西向东流，圣人家的水是从东向西流。因为中国的地势西高东低，所以一般的河川都是向东流。可是鲁国地势独特，东边的蒙山是沂水、泗水的发源地，所以水由东向西流。如果非要落实孔子所在的"川"到底指哪儿，这个不好办，因为没有可信的文献交代。不过这段话的要点并不在这里，而在孔子从水中看出来世界的变化和时间的消逝。这里的"舍"就是舍弃，"昼夜"就是时间，意思是水从来没有一刻放弃自己，奔腾不息地向东走。如果顺着这个话去理解孔子，他应该是在讲我们要抓紧时间，因为万事万物都在变化。

这句话涉及中国的宇宙观，孔子的话和中国的宇宙观是搭调的，是相应和的。中国人认为万事万物是变化的，世界的本质是变化的，这与西方哲学不同。早期的西方哲学家像泰勒斯等人，他们在讨论这个世界最终、最稳定的因素是什么。所有的变化背后应该有一个不变的东西，有人说是水，有人说是粒子，有人说是气，它在变化之中求稳定，求定的基质。中国没有这样的哲学，从《易》开始哲学便是生生不息，日月宇宙不断变化。从这个角度来看，这段话虽然很短，但它勾起我们对宇宙的想象。看到奔腾不息的河流，想到宇宙的春去秋来、寒来暑往，人活在世界上不断在变化，应该遵循《周易》的说法：天行健——天大踏步地向前变化，人也应该是刚健的——君子以自强不息。你应该用自强来应对这种变化不已的世界。

儒家文学情调

《孟子·离娄下》也说到了关于水的观点，“徐子曰：‘仲尼亟称于水，曰：水哉，水哉！何取于水也？’”徐子（问孟子）说：仲尼先生屡次称道于水，说水呀水呀，请问他怎么总是从水这里想到什么呢？孟子回答说：“原泉混混，不舍昼夜。盈科而后进，放乎四海，有本者如是，是之取尔。”你看这水源源不断、滚滚东流没有一刻停息，而且填满了低洼的地方，最终充满四海，有根本的人就应该如此。这就像立德做人要有根本，才能够滂沛于四海，这就是孔子从水中所取。

孟子又说：“苟为无本，七八月之间雨集，沟浍皆盈；其涸也，可立而待也。故声闻过情，君子耻之。”这是说：泉源混混的水是永远奔腾的，是灌满天地的。没有本的水就像七八月的雨，哗啦啦下起来填满小沟坎，结果你站在那里等一会儿它就干了。所以说，一个人最怕自己的名声超越了实际，暴得大名却没有根本，就会处处丢人，这样的人和事我们现在不少见。就像猴子在地上时你看不到它的红屁股，等它得了名声爬到树上，大红屁股就露出来了。孟子说“古声闻过情，君子耻之”的意思就是不要做无本之水。

孔子讲天地万物在变化，奔腾不息的时间在流逝，而孟子另有所取。道家取水是取它的柔弱、不争、处下，儒家取水是取它有根本之后奔腾不息造就万物，取它的有为。这两种文化观念是不一样的。

因为孔子在文化上的权威地位，对很多事物都赋予了文学性。知者乐水，仁者乐山，将山、水和知、仁联系在了一起。后代的人看文

孟子像

学的时候，就会看到这种基本的设定反复出现。在《子罕》篇中有一句“岁寒，然后知松柏之后凋也”，强调了天冷时松柏不会凋零的品格，这也是中国文学史上第一次将松柏视为坚贞的象征，这是孔子赋予了它这样的意义。这样的话首先是具有强烈的文学色彩，是比喻、象征；其次，这样的事物是美好的，孔子才会赋予它额外的美好意义。儒家文学有自己的情调，从水想到宇宙、人生，从山想到君子、智者，这种活泼、发散的思维是真正具有儒家精神色彩的，可以看到儒家的气质。从道理上来看，也许这些话并不完美，就像“仁者寿”而颜渊早死遭到了一些人的反对一样。但如果那样去理解，就有点痴人说梦，因为这毕竟是一种文学色彩的说法。

总之，这两段文字将我们带向了天地之间，带向了生生不已的世界。

第十二讲 贤哉，回也

课本里的《论语》

子曰："贤哉，回也！一箪食，一瓢饮，在陋巷，人不堪其忧，回也不改其乐。贤哉，回也！"

——《论语·雍也》

颜渊的贤德

这段文字出现了两次“贤”，贤本来的意思是有才干，但是在这里并不是强调才干，而是强调德行。能够守住穷是一种贤德。回，就是颜回，渊是他的字。箪，就是竹子编的筐，可以担起来，是用来装食物的。

在朱熹的注本之中很多是讲“一箪食”，这里有一种相沿成俗的读法，从语法上来讲，食（shí）是名字，而食（sì）是动词。但是我们读一些古文的时候往往会从俗，大家都这么念，我们也就这么念了。所以朱熹的《四书集注》对“一箪食”的解释就是一筐食品，“一瓢饮”就像是现在的一管自来水。

这些都是颜渊那个时代的东西，将葫芦剖成两半当作瓢，它在中国农村也很少见到了，因为农村也供自来水了。所以“一瓢饮”不是一杯，或者一盅，而是最粗陋的瓢，是最底层的人用的水瓢。在简陋的巷子里，完全是一个贫民居住的地方。今天的曲阜对着颜渊的庙，在东南就有一条巷子，这里就是陋巷，因为颜渊的庙应该就是在颜渊的故居修建的，不会太远，而且曲阜本身也不大。

“人不堪其忧”，人就是别人，不堪就是忍受不了、承受不住。忧，并不是忧患，而是困苦，人一旦困苦就会有各种想法，忧虑主要是困苦造成的想法。一般人是受不了这个罪的，但是颜渊这个人却不改其乐。这就是颜渊的乐处，他超拔的地方。“贤哉，回也！”这是赞叹颜渊是真正的贤德之人。

有些人的贤德表现为治国理家，比如子路、冉有等人。但是颜渊守住了本分，能在穷困、贫寒之中也不失乐观精神。孔子对颜渊最看重的这一点，就是儒家的本分。我们在这个世界上常常会想自己的本分，尤其是现实生活中太值得一想了。佛教说不思善不思恶，那什么是你本来的面目呢？这实际上是人生大问题。儒家不会从佛教的角度说这种话，所以它强调守住。人最难守住的就是贫贱，如果守住了贫贱，你才能“仁者寿”。我们这么说并不是为了提倡贫贱哲学，不是提倡少挣点儿工资、住差一点儿，而是强调在你挣得不多、住得不宽阔的时候，你还要守住。否则，跟着时代的红尘滚，滚到最后自己都不认识自己了。

这一段文字写得很洒脱，赞美颜渊可以守住贫困，他并不是哭着守，而是不改其乐。所以这段文字对我们现代人有很大的启发价值，在物质相对丰富的时代，我们出门就坐车，回家就住楼房，但你还要有一个精神的立脚点，你能否守住自己。你总觉得别人比你过得好，比你富有，这种时候你会不断攀比，一辈子忙活你也不知道是为什么。人活着难道就是为了权力和富贵吗？人是社会动物，需要社会的承认，但人也是精神动物，需要精神的自我满足，所以儒家才强调守住。

在物质相对丰富的时代，我们出门就坐车，回家就住楼房，但你还要有一个精神的立脚点，你能否守住自己。

孔子曲肱而乐

这段文字也很有趣，孔子曾经说过自己和颜渊很像。在《述而》中有一段话：

> 子曰：“饭疏食饮水，曲肱而枕之，乐亦在其中矣。不义而富且贵，于我如浮云。”

这段话是说孔子觉得吃粗粮、喝凉水，拿胳膊当枕头躺在那里，可能还跷着二郎腿，乐亦在其中。这也是一种洒脱的生活态度，是一种精神状态。佛教说再忙的工作，再大的事情，你都要学会放下。老一辈的学者认为颜渊的生活启发了道家，庄子是颜渊的后学。将所有的事情都放下，看作过眼云烟一样，“一切都是浮云嘛”！精神上的幸福感、自我满足感，这才是我所追求的。这一切都和富贵没有关系，你再有钱有势，你的内心也可能是苦楚的。而真正的幸福有一个绝对值，那就是精神上的自我感受。所以，孔子才说“不义而富且贵”对我来说就像是浮云。这是一种在衰退中的亢进，在不利中的挺拔。是精神让你刚硬，守住自己可以让你刚硬一点儿，看淡一点儿。

孔子也说过：“富而可求也，虽执鞭之士，吾亦为之。如不可求，从吾所好。”这是说富贵如果可以追求，我可以做那个最卑贱的事业。“执鞭之士”有人认为是驾车的人，也有人认为是市场管理人员挥着鞭子吆三喝四、小人得志的样子，这是很丢人现眼的。可是为了富贵，这样的事我也可以去做。但如果富贵不可求，那我还是遵从我内心的召唤吧！

这些文字都是在讲内心召唤，因为这个世界真正给你做主的不是外在的要求，不是家里有多少钱、多少房，不是地位有多高，而是你内心的召唤。守住内心的召唤，觉得自己内心的召唤是最好的，你就可以“曲肱而枕之”，在这个世界上活得洒脱。

生活在城市之中的现代人经常忘记自己是谁，不管城市建设得多好，我们整天穿行于其中，却不会停下来看看。城市那么美，花园那么好，我们从来没有留意过，因为我们迷失了自我。所以孔子和颜渊的哲学就是让你放下，看看这个世界，轻松地对待这个世界。只有这样，你才能够应付忙碌的生活。从颜渊的“一箪食，一瓢饮”，到孔子的“饭疏食饮水，曲肱而枕之”，在儒学的发展史上，这就叫作“孔颜乐处”。

孔颜乐处

要讲儒者的气象，就是在追孔颜乐处。我们首先可以看看孔子和颜渊的关系。《论语》的语言平易，但是表意丰富，很有文学价值，它具有言简意丰的艺术特征，也有在言行之中表现师生关系的特征。在《论语》里有两个例子值得我们重视，其一是颜渊去世后，孔子以父亲的身份去吊唁，不穿孝，原本是想按照礼节哭几声，也可能是按照当时的哭丧曲调唱几声。可是当他走到跟前一看，悲从中来，忍不住抽泣。《论语》记载“子哭之恸”。在日常生活中，孔子也说过“回也非助我者也，于吾言无所不说”，意思是颜回在课堂上从来不会帮助我，我说什么就是什么，甚至还有点笨笨的，过来不知道提问，也就是“渊默”。但是颜渊去世后，孔子比自己的儿子死了还伤心，因为这俩人的关系是一种最基本的志趣相同，他们互相尊重。有师道尊严的学生也可以和老师成为朋友，互相之间情谊相通。

子贡总是反问老师，孔子说“足食，足兵，民信之矣”，子贡就非要逼问哪一个才是最重要、真实的，显得聪明伶俐。《论语》中也总骂子路，甚至说出他不得好死的话。孔子曾经说，我的道行不通的话我就乘一个小筏子到海上去，就让子路跟着我吧，子路听完很高兴。而对于颜渊，孔子说他对自己一点用也没有，既不提问也不反驳，可是我们说的事他都能做到。

颜渊不愚，他是有心计的，在学习上他很上进，只见其进，未见其退。对于孔子的学问，颜渊说“仰之弥高，钻之弥坚，瞻之在前，忽焉在后”。意思是越瞻仰它越高，越钻研觉得它越坚硬。突然在前，突然在后，富于变化。他又说“夫子循循然善诱人，博我以文，约我以礼”，意思是孔子是一个很善于教育的人，他对我循循诱导，让我广泛地学习各种文化，学习做人的规矩，用利益约束我。我欲罢不能，想停都不能停止。我现在努力，有所立卓尔，好像能找到一些边际了。这是一种发自肺腑的崇敬，而且描述非常有次序，既写了孔子学问的高深广大，也说明了他富于变化和善于教育。这种关系就是志同道合、志趣相通，像好朋友一样互相折服。

孔子曾经问子贡：你和颜回谁更好一点。子贡说，我怎么能跟颜回比呢，颜回这个人你告诉他一个，他能推出十个来。而我，你告诉我一个，我只能推出两个。孔子说：“弗如也；吾与女皆弗如也。”这意思就是说我和你都不如颜回。《论语》中对孔子和颜回互相敬重的关系表现得很活泼，所以我们才能理解为什么颜回去世，孔子会悲从中来。

儒者的气命与情调

前面提到子路，在《论语》中挨骂的有两个人，一个是子路，一个是宰我，只是宰我出现得少。宰我挨骂主要是因为说话不着调，在三年之丧的问题上被骂。但其实孔子也夸过子路，说“衣敝缊袍，与衣狐貉者立，而不耻者，其由也与”。意思是子路穿着破棉袍子和穿裘皮大衣的人站在一起，他不会觉得自己少点什么，这是一种脱俗的情调。孔子还说过“片言可以折狱者，其由也与”。意思是用一句话就可以断官司，子路是可以做到的。这种高度赞美的同时，孔子也总骂他，说他乱弹琴，说他不得好死。

宰我像

读《论语》的时候，我们要看注释、文献，也要结合生活和文学。每当读到子路挨骂，我就想起中国古典小说《水浒传》宋江整天骂李逵，但他最终放不下的人还是李逵，两个人死在了一起。宋江欣赏李逵爱憎分明，杀起人来不分贤愚老少，光着膀子杀人。但是，宋江不是这样的人。他被发配到江州之后，在浔阳江头喝了黄汤，就像白蛇喝了雄黄酒一样露出了本色，题了反诗。其中有一句“敢笑黄巢不丈夫”，活脱脱就是一个李逵。宋江只有在喝多了酒才表现出真实的自己，所以他和李逵之间有气命上相通的关系。

孔子和颜渊在情志上相通，隐微地看和子路是在气命上相通。孔子说过，子路比我还要好勇，这种勇敢是胆识和气魄。因为气命相通，两人看着就亲切，你发现我，我发现你，就像是看到自己儿子似的。孔子是因为喜爱所以才骂子路，打是亲，骂是爱，这就是《论语》有趣的地方。

最近学术界也在反思这件事，研究孔子的认识论和本体论，拿刀切《论语》，我们可以戏称之为肉联厂卖猪肉，而《论语》是生活的智慧，它不是一门学问，它会在各个方面透露出很多气息，捕捉到的这些气息是《论语》的优美之处。所以要发现这种活泼的内容，活泼的气质，活泼的情调。

儒者的情调涉及很深的问题，我们活在这个世界上什么是根本，我们生下来什么都没带，连哭也不会，呼吸到第一口空气才哭出来，这算是我们的第一笔财富。可是死的时候我们穿很多，最后一把火烧成灰。看透这个过程，人就是什么都没有。但是这个过程中，你要怎样保持一种精神状况，这就是孔颜乐处。

穷不失义，达不离道

《孟子》认为“富贵不能淫，贫贱不能移，威武不能屈”，不做权势的奴隶就是大丈夫精神。这种顶天立地的说法有点高亢，似乎离普通人的生活很远，实际上只要你精神上能够支撑起来那就是大丈夫了。

在《孟子·尽心》章的下篇里，孔子说儒家是两面的，“达则兼济天下，穷则独善其身”，能够给天下做事的时候就去做，失了职之后也不要惶惶如也，找不到感觉，要找到你的乐处。有些人工作久了，一旦退休就惶惶，找不到自己。历史上，韩愈曾经排佛，后来被贬谪到了潮州，大颠和尚就说：你看你整天在朝廷忙碌，整天骂佛，现在就剩下你一个人了，总该明白为什么活了，你应该明心见性了。由此可见儒家要求的是一个自我问题。就算是“饭疏食饮水”，也能“曲肱而枕之，乐亦在其中”。

《孟子·尽心》里还记载了孟子和勾践的对话，他说“子好游乎？吾语子游。人知之，亦嚣嚣；人不知，亦嚣嚣”。意思是：你不是好游说诸侯吗？我来告诉你什么叫作游，人家知道你时自得无欲，人家不知道你时也应该自得无欲。这是讲一个人要尊德乐义，儒家重视的是德行，好的是道义和价值坚守，永远坚守在一种价值观上，这个世界没有沿着这种价值方向发展你也不用着急。当它开始沿着价值发展，当然更好。“故士穷不失义，达不离道。”所以君子在困境的时候不要失了义，通达了也不要离了道。“穷不失义，故士得己焉；达不离道，故民不失望焉。”这一点和佛教、道教不一样，在困境的时候要守住价值观，和它融为一体就无所不适了，也就是孔颜乐处。当你显达了，你就将当年的志向全忘记，民众就该失望了。京剧之中有一出《范进中举》，其中范进的老乡就说：你该坐轿了，你该发财了，你该威风了，你该打穷人了。大家看戏时哄堂大笑。很多人大学毕业的时候一派志向，可是没过多久就开始贪污，这就是民失望。“古之人，得志，泽加于民；不得志，修身见于世。”过去的人是有道的，得志的时候让民众获得恩泽，不得志就修身，将自己控制好，让世界知道还有好人在这里坚持，这是儒家追寻的人格特征。如今的时代，我们虽然不必这么明确地两分法，而孟子发挥的这一段所传达的孔颜乐处还是应该明白的。

得志的时候让民众获得恩泽，不得志就修身，将自己控制好，让世界知道还有好人在这里坚持，这是儒家追寻的人格特征。

寻孔颜乐处

北宋时期，有一个复兴儒学的功臣大家叫周敦颐，也就是我们熟悉的《爱莲说》的作者。有文献记载，二程曾经和学生谈到自己早年在周敦颐先生门下求学，他首先教二程要找到孔颜乐处，也就是要先奠定人格的最基本的根基。世上有三种教派文化，佛教文化说的是苦，生苦、死苦、病苦、老苦，人活着从坐胎开始就是苦，所以要摆脱苦，苦是佛教一个很核心的概念。基督教文化说的是罪，人生而有罪，还没有生出来就有罪，人有原罪所以要不断救赎。而儒家怎么说呢？儒家讲的是乐，乐而忘忧，发愤忘食，孔颜乐处。所以有学者说我们中国是乐感文化。乐感文化当然也分层次，小老百姓的乐和大儒所追寻的乐、自身的圆足境界是不一样的。

周敦颐教育二程找孔颜乐处，大家就讨论孔颜乐什么。周敦颐给出了一个答案，他说“夫富贵，人所爱也；颜子不爱不求，而乐乎贫者，独何心哉？”意思是说人人都求富贵，但颜渊不爱富贵，也不求富贵，他乐乎贫者，在贫寒之中保持乐观，这是孔子所承认的。那么颜渊到底是怎么想的呢？周敦颐回答说：“天地间有至贵至爱可求，而异乎彼者。”意思是说天地之间有比至富至贵更可爱、可求的价值，一般人是见小而忘大，但颜渊所求不是一般意义的富贵，他在求另一种意义的富贵，这就是颜渊和别人不一样的地方，他见到的是天地之间的价值。人类是一个有记忆的动物，因为有记忆而成为有历史的动物。今天你能记住的那些人，家财万贯却土头土脑，那些人存不下来，真正被人类记住的是对人类有贡献的人。

富贵的价值有一个价值层的问题，所以“见其大则心泰，心泰则无不足”。正是因为见到了真正的人生价值，就会将自己的小生活搞好。当然，你把所有的东西都用在这里也无可厚非，只是格局就太小了，闷头发财的小地主情结太重了。

“无不足则富贵贫贱处之一也。”看这个世界之大，人生可取的境界之大，和大道相连就会忘记贫贱，就不太在意了。格局不足的人才整天注意要穿好点儿，跟谁比，谁家的褂子多少钱，谁家的裤子多少钱，格局小的人才容易在这些地方争奇斗艳。当然，今天来看，这也是无可厚非的，只是格局小一点儿而已。

孔颜乐处是后来儒家教人的开始，在周敦颐之后，二程都成为北宋早期伟大的哲学家，他们又培养了一批人，以至于朱熹都是二程门人的传人。在政治场合，王安石就被人批评太情绪化，同意他的人，他就哈哈大笑，不同意他的人，他就翻脸变颜色，这和儒家要求的人格是大相径庭的。

我们今天做事，凡是跟人发脾气，意味着交流的失败。你和孩子发脾气也是这样，谈着谈着便会因为揭伤疤、找后账而干起来，谈话就进行不下去了。所以儒家辨心性，要通达点，将事情看淡。“二程”中的程颐曾经说过要论事功大小，人就得着急，可是尧舜的事业放到太虚也不过是浮云过眼。这么说似乎是儒家不重视事功了，并不是不重视，而是要将事功看淡，要超越它，你才能保持一个好心态和人交流。在这一点上，现代人也应该学习，放得下心思，松弛地对待他人，这种智慧也是孔颜乐处在当今社会的一个价值。

有一位来自四川阆中的鲜于侁曾经问程颐，他说：“颜子何以能不改其乐？”程颐就反问他说：“颜渊所乐者何事？”侁对曰：“乐道而已。”于是程颐就回答他：“使颜子而乐道，不为颜子矣。”意思是你认为颜子是乐道，这是将他说反了，如果故意让颜子去乐那个道，那就不是颜子了。程颐认为颜子和道是合一的，他不需要乐谁，不需要将道作为一个客观对象去追求，他已经和道融为一体了，所以他无处不显出道的圆满性。

这段对话是对孔颜乐处的一个解释，它是否符合《论语》的原意，我们不能说是和非，但它是一种发展的解释。

邵雍也特别强调儒者不能在穷困的时候垂头丧气、怨天尤人，这是有失儒家本怀的。做人要有自己的趣味，不给别人带来麻烦，所以要乐观地做人，这是儒者最基本的一个表现。在后来宋明文学之中，程颢也写过“闲来无事不从容，睡觉东窗日已红。万物静观皆自得，四时佳兴与人同。”这是说静观万物，它都是朝着自己的方向去发展，春花秋月都有自己的兴味，道通天地有形外，思入风云变幻中，关键是我们怎么体会这个大自然。

“富贵不淫贫贱乐，男儿到此是豪雄。”程颢在生活中一派光风

将事功看淡，要超越它，你才能保持一个好心态和人交流。

什么是豪雄呢？不为成败穷通所困扰，能找到内心世界，就是豪雄。

霁月，从来也不见他和谁发火，他的心胸大，道性高，比程颐的还要高。过去有句老话说：学圣贤别学着做个圣人，摆架子给人看。学道第一阶段是见山是山，第二阶段是见山不是山，第三阶段见山还是山，真正学成圣贤之后一切扫平，回归自然。程颢已经到了第三阶段，而程颐还在第二阶段，所以他会和苏东坡闹别扭。“男儿到此是豪雄”，什么是豪雄呢？不为成败穷通所困扰，能找到内心世界，就是豪雄。所以人穿行在这个纷繁复杂的世界，能够找到自我是一个大问题，是价值归属的问题。什么是人生最该依恋的东西，丢了它就等于丢了性命，其他只是数量上的多少而已。儒家认为是找到道，就是救民济世，达则兼济天下，穷则独善其身，守住自己。我们要将眼光放到天地之间去，做一个独立的、不唉声叹气、精神饱满的人，这关乎我们的心理健康，也关乎人活在这个世界上的幸福指数。

【第十三讲】

举一反三，因材施教

课本里的《论语》

子曰：“不愤不启，不悱不发。举一隅不以三隅反，则不复也。”

——《论语·述而》

子路问：“闻斯行诸？”

——《论语·先进》

启发式教学

出自《论语·述而》的“不愤不启，不悱不发”历来都是被视为是启发式教学的一句名言，“愤”就是闷，按照朱熹的说法，就是“愤者”，心求通而未得之意。学生对一个问题想得差不多通了，但还差一点，没有形成完整明确的思路，这时就会感觉到闷。“悱”是口欲言而未能之貌，就是有些事情虽然想通了，但在组织语言表达时有困难。遇到这种情况，就要启发式教学，“启发”两个字也是从这句话而来，“启”是打开，“发”也是打开，就是点拨的意思。

“举一隅”，就是告诉学生桌子有一个角，学生如果不努力去推理出其他的三个角，那我就不再理你，因为你太懒惰了。启发式教学要求学生要有主动性，在学习的问题上老师提出启发，学生应该自己推理。就像老师说桌子有一个角，学生就能推理出其他三个角，举一反三。“反”就是类推，简单的事情你不去思考，等着老师来说，那就是不动脑筋的学生。在今天的教学之中，两头发挥积极性依旧是一个准则。

从教师的角度来说，《礼记·学记》有一句话说“善歌者，使人继其声；善教者，使人继其志”。意思是善于唱歌的人，你唱一句，就应该引导别人跟着你唱。善于教育的人，应该让人家领会你的志向，跟着你的志向走，这里面有导师的意思，要求老师要善于启发。

禅宗有一个启发式教学的故事见于《五灯会元》，叫作“啄啐同时”。老和尚用母鸡孵蛋来比喻学习，他说老母鸡孵蛋的时候，到了一定程度，小鸡长成熟了，就要从蛋壳里向外拱出来，但小鸡没有力气，此时老母鸡在外面一啄，小鸡从里面一拱，啄啐同时蛋壳就开了，学习知识也是如此。

启发式教学就是要求老师、学生一起努力，孔子早就提出了教师要有启发性，要用在关口上，观察到学生正在努力学习，在他爬不上坡的时候扶他一把。就像是小鸡在壳子里拱不出来，就要帮它一把。懒惰是人类本性的一个负面，和积极性是一式两面、阴阳两边的，没有任何人不懒惰，但我们只对自己不喜欢的事情懒惰，对我们喜欢的事总是乐此不疲。学习就是要通过启发，让学生获得兴趣，他就会举一而反三。

这段文字是典型的启发式教学的一个说法，而启发式教学的核心就在于学生的积极性和教师的积极性两头并重，孔子在教学方面的这个心得也符合现代的教育学原理。

启发式教学的核心就在于学生的积极性和教师的积极性两头并重，孔子在教学方面的这个心得也符合现代的教育学原理。

和易以思

儒家的《礼记》是中国教学史上很重要的文献，其中有一篇《学记》就讲到了启发式教学的问题。它说："故君子之教喻也，道而弗牵，强而弗抑，开而弗达。道而弗牵则和，强而弗抑则易，开而弗达则思；和易以思，可谓善喻矣。"这是在说教学的火候、分寸和方法，教人的时候我引导你，但我不牵着你走，这就是举一隅。如果我教学的时候你在睡觉，那我再有本事也没办法，举一隅不以三隅反，这么简单的事情你不动脑筋思考，那就没有办法了。教师引导学生，不要牵着他走，要引导他向前走。牵着他的鼻子走，他学习的主动性就没有了。

"强而弗抑"是要加强学生学习的动力，但不是限定他、抑制他。

我可以让你增加学习的动力，但不会强迫你。“抑”有限定和强迫学生必须沿着教师的方向发展的意思。齐白石教学生画画的时候说：“似我者死，学我者生。”因为学习是一种精神，如果一味追求相似性，那么学生就是复制老师，是毫无希望的。在教学中我们经常看到一个大家的学生，独立来看总是不如老师，可是学生的总量加起来会超过老师，这是一种师承。“开而弗达”就是我给你开了方向，而不是送你到那个位置。这是针对学生的特长，将方向指出来。

有一位俞宁先生，他写了一篇关于启功先生的文章。他说自己从小就跟着启功先生学书法，属于忘年交。有一次，启功先生带着他去见一位先生，他就总是接话茬。在回去的路上，他也意识到自己在长辈面前话说得太多了，想着启功先生可能会骂他。但在回去的公交车上，启功先生突然对他说：你这个人手笨，但是耳朵好使，你还是不要练书法了，跟着你爸爸学语言学吧。俞宁的父亲是北师大著名的语言学家。这句话改变了俞宁的学习方向，于是他就去考了外国语大学，后来在美国教书。这件事告诉我们一个道理，老师要观察学生的长处，感兴趣的地方就是他天分所在的地方。经常有人问我孩子要报考什么专业，从功利的角度看什么挣钱就报什么专业，可实际上孩子毕业后未必能挣钱。那就应该发现孩子的长处，孩子在某方面有一定长处，其最感兴趣的地方就是天分呈现的地方，这就是“开而弗达”，是引导而不是牵引，“道而弗牵则和”，引导而不是强拉硬拽，“和”就是教学效果好，师生关系也好。“强而弗抑则易”，加强了学习的能力，但不硬往某个方向较劲，这样就容易达到教学目标。“开而弗达则思”，当你找到他的长处，你不用替他去做，

感兴趣的地方就是他天分所在的地方。

他也会努力思考。

“和易以思，可谓善喻矣。”教学能够达到和易，而且激发学生的兴趣去思考，这就是善教。这段文字和“不愤不启，不悱不发”相比虽然更加理论化，但其实意思是一样的。

道而弗牵，强而弗抑

孔子的目的是造就君子，他曾经说过：一个人就算聪明，如果没有了学习就容易冲撞原则，耍小聪明叫作“荡”。一个人天生厚道，但如果不经过学习，就容易流于愚蠢。一个人说话实事求是，但如果没有经过学习，就容易变得尖刻刺人。每个人的天性都是好的，都有长处，而要从你的品行之中发现你的长处，经过自觉学习前人的经验，将这种品质提升。子路原本是勇敢的，但经过学习之后，孔子赞美他变得果敢，这就是提升了品质。所以，孔子教学是要造就人性，并不是按照自己的观点、趣味去造就所有人，而是顺着你的品性去塑造你的人格。

《论语》中的“不愤不启，不悱不发”，和《学记》之中的“道而弗牵，强而弗抑，开而弗达”，这都是教学的意义，是教师造就人，所以按照西方的语言，教师是人类灵魂的工程师，儒家认为教师是人格塑造的园艺师，是用你的特征对受教育者进行一番塑造，将其变成一个社会人，变成一个在社会中有人格的人，这是教育的本位。

启发式教学不仅是教好数理化，更是顺着人格特征去塑造一个完美的社会人，这种社会人需要品德也需要外在的知识，而外在的知识学习也是一种特点的表现。比如有些小孩从小对文学比较敏感，有些孩子对数理化有超强的领悟力，这就需要去发现。

《先进》篇中讲：

> 子路问："闻斯行诸？"子曰："有父兄在，如之何其闻斯行之？"冉有问："闻斯行诸？"子曰："闻斯行之。"公西华曰："由也问'闻斯行诸'，子曰'有父兄在'；求也问'闻斯行诸'，子曰'闻斯行之'。赤也惑，敢问。"子曰："求也退，故进之；由也兼人，故退之。"

这一段话是学生问了相同的问题，而孔子有不同的回答。这不是发生在一天两天的事，所以这段文字大概是孔子去世后学生回忆他，发现他因材施教。所以这段文字历来都被当作因材施教的范例。

这段话的大意是：子路问孔子，我们听到一个道理是否应该立刻就付诸行动呢？孔子的回答是：那怎么行呢？你有哥哥在，你怎么能够擅作主张呢。这里强调的是你作为家庭中的一员，如果父母兄长都在的话，做儿子、弟弟的不能擅自行动，要征求意见，这才是孝子之道。所以孔子对子路的回答是否定的，要求他去商量。

冉有也问了同样的问题：我们听到一个好的道理，或者一件该做的事，是否应该立刻付诸行动呢？孔子的回答是：对，马上行动。公西华听到这两个完全不同的答案之后，就问孔子：子路问的时候，您说有父兄在，让他去商量。可是冉有问的时候，您又叫他马上行动。所以我斗胆也想问一问这个问题。孔子回答说：有一个道理你不知道，冉有这个人做事比较保守、有惰性，所以我推他一把。子路这个人做事总怕比别人慢，总想超过别人，所以我给他撤撤火，往后退一退。

这里的"赤"是公西华的本名，学生在老师面前称自己的名。

"敢问"则表示他仗着胆子，这个修辞是表示谦虚。这是孔子根据不同的人格特征来教育，因材施教的典型案例。

孔子的教育精义

冉有在孔子的弟子里和子路同属政事科，在仕途上他做到了"学而优则仕"。可是后来，冉有变成了季氏的家臣。在鲁国，季氏是第一家族，掌握了季氏就等于掌握了鲁国。在《雍也》篇中，冉有曾经对孔子说过一句话："非不说子之道，力不足也。"意思是不是我不喜欢您的道，是我力气不足。孔子就回答他："力不足者，中道而废。今女画。"意思是力道不足的人会走到半路就走不动，你现在是画地为牢了。在孔子看来，冉有是对孔子的道产生了怀疑。

在《侍座》章中，冉有也出现过。当时孔子问弟子志向，子路说："千乘之国，摄乎大国之间，加之以师旅，因之以饥馑；由也为之，比及三年，可使有勇，且知方也。"这是一种加法的表述，有一点膨胀。但是冉有却是用减法表述，退让着表示自己只能治理方圆六七十里或者更小一点的五六十里的国家，只能让国民吃饱饭，至于礼乐文化就等着别人来做了。这种退让的方式代表了冉有的为人，之后他又认为孔子的道让自己使不上劲，这是师生之间产生了裂痕。但是孔子是眼里容不下沙子的人，所以才斥责他画地为牢。

冉有对孔子的道从消沉到抵触，再往后到了《先进》篇中讲"季氏富于周公，而求也为之聚敛而附益之。子曰：'非吾徒也。小子鸣鼓而攻之，可也。'"意思是季氏家族比周公家族还要富有，周公是几百年家族积累的财富，而季氏家族的财富超越了他们，但是冉有还在为他们敛财，在高岗之上添土，损不足奉有余。所以孔子才说这种人已经不是我的徒弟了，让同学们都敲锣打鼓去声讨他，毫不隐晦。所以在《论语》中孔子和冉有的关系令人唏嘘，一个最有政事能力的弟子随着权位的提高，一屁股坐到了权贵那一边，孔子晚年就清除了这个学生。

《侍座》章中冉有为什么会退？孔子已经从他的态度中发现了消极，认为他总是保守，所以孔子想激励他。但这件事也证明孔子也有教育失败的时候，教育不能保证一切，一个蛋能孵出小鸡，需要啄啐同时，否则老师啄了半天也会黄。

子路是山东土著居民，野人出身，和西边来的周人是两个群体。在原来不办学的时候子路无法学习，孔子开始办学之后秉承有教无类的原则才开始吸收这些野人。孔子对子路的评价是粗鲁，虽然粗鲁却质地诚挚。两个人初次相见的时候，子路看孔子是国之城里人，就要侵凌他。可是身高一米九三的孔子用礼乐诱导子路，让他看到了美好，他就一直跟着孔子到死。因为出身下层，子路做事总是着急，所以在《侍座》章中孔子要给他消消火。到后来，孔子也不说子路鲁莽、勇，而是说他果敢。这是经过一番教育之后人格得到了提升的表现。

在这两段文字之中，包含了教育学的原理，也包含了教育的真谛。从我们固有性格中发展出来的人格特征，是孔子作为人的教育精义。古希腊的一些教育虽然很深奥、精妙，但要讲人格的雕塑，还是孔子有独特性。另外，这段文字也说到了最浅层次的教育方法论，学生“愤”了你再启，学生“悱”了你再发，这样的话学生才有积极性。

在整个《论语》中讲学生好学都是从学者的角度讲，所以这两段文字也体现出孔子善教，知道如何掌握分寸火候。

第十四讲 敏而好学，不耻下问

子贡问曰：“孔文子何以谓之‘文’也？”子曰：“敏而好学，不耻下问，是以谓之‘文’也。”

——《论语·公冶长》

孔文子谥号

孔子是鲁国人，可是他的弟子有卫国、陈国、齐国甚至楚国人，可谓四面八方都有。所以孔子说“有朋自远方来”这句话也可以理解成他的学生从各国来向他学习。在诸多弟子之中，子贡是卫国人，所以他对卫国的事情总是比较关切。

卫国有一个大臣，叫孔文子，“文子”这两个字是他的谥号。古代有年号、庙号，当然也有外号。谥号就是古人去世之后给他的一个评价，谥号的作用主要是评价这个人一生的作为。根据现代学者的考据，谥号起源于商代，流行于西周，然后一直延续到了近代。过去关于谥号有很多争执，比如在金文之中看到穆王，“穆”字就是他的谥号。很多学者认为金文中称他为穆王的时候他还活着，因为有“穆王”赏赐的记录。所以有一段时间也提出了生号的说法，大学者王国维和后来的郭沫若都认为活着就可以有谥号。但根据现在的研究，以及随着出土的青铜文物数量的增加，发现这个说法不成立。当铭文中出现穆王两字时，一般都是在穆王身后了，也就是说这个器物是在穆王去世之后才做的。

谥号，简单地说就是对一个人死后进行盖棺定论，古人对它的态度很慎重。在历史上曾经有过这样一个例子，楚王去世之后，后人拟了一个谥号，结果楚王两眼瞪着死不瞑目。大家才发现坏了，这个谥号他不接受。于是改了谥号，他的眼睛才闭起来。当然，现在的学者认为人死后有一段时间因为生理原因眼睛会睁着，但古人就会认为是谥号不对导致死不瞑目。

作为中国特有的文化现象，谥号之中也有褒贬。孔文子的谥号是一种褒扬，但是清代光绪皇帝的谥号德宗就暗含着讽刺意味，因为将他比作唐德宗，而唐德宗是被人从京城赶跑的，光绪皇帝也是被八国联军从京城赶到了西安。

在周代的谥法之中，“文”作为谥号有几个含义：一种说法是经天纬地谓之“文”，就像周文工一样。另一种说法是勤学好问谓之“文”。很多学者认为孔文子的“文”就是好学，并不是经天纬地，毕竟他无法和周文王相比。将这样一个字给孔文子，是很高的评价。有一种说法是这个字是孔子给他的谥号，因为孔文子和孔子是朋友，他死后卫国的国君就请孔子帮忙起个谥号，正是因为这个，子贡才向孔子问原因。

孔文子其人

孔文子的本名叫孔圉，又叫仲圉。子贡疑惑为什么要用“文”作他的谥号，是说这个人是否担当得起这个字。因为历史记载，孔文子做人并不怎么样。有记载说他的家庭比较乱，《史记》和《左传》都

孔子像

记载孔文子的老婆是卫灵公的女儿，他的儿子叫孔悝，这个人后来作乱，子贡的死就跟这个人有关系。孔文子还有一个仆人叫浑良夫，生得漂亮，结果孔文子去世后他的夫人就跟浑良夫好了。由此可见孔文子的家风不好，他和夫人的关系也不怎么样。《左传》还记载了一件事，所反映的孔文子本人就不怎么样了。据记载，鲁哀公十一年的冬天，卫国的大叔疾跑了，出奔到宋国，原因就是孔文子。大叔疾是卫国君主的兄弟辈，他娶了宋国宋子朝的两个妹妹为妻子。宋子朝是当时的美男子，《论语》里也写过“如有周公之才之美，使骄且吝，其余不足观也已。”大叔疾原本娶的是姐姐，妹妹是陪嫁女，古代称为娣，但是大叔疾不喜欢正室，更喜欢陪嫁的妹妹。这一家人原本过得很好，但是宋子朝失势了。孔文子因为大叔疾的身份比较尊贵，想巴结大叔疾，他看到这个情形就让大叔疾离婚出妻，娶自己的女儿。趁着对方老丈人家失势的时候将自己女儿嫁给他，这样的做法很是强人所难，可见古代的婚姻政治色彩很强，很多婚姻缔结都是和权势相伴的。

因为孔文子权势比较大，大叔疾没有办法，只能离婚娶了孔文子的女儿。可是因为夫妻感情不和，所以大叔疾就更加怀念之前的陪嫁女。于是，大叔疾悄悄将陪嫁女接了回来，安顿在一个叫作犁的地方，等于做了他的外室。这件事被孔文子知道后非常恼怒，想要攻打大叔疾，这就要引起内乱。此时恰巧遇到孔子晚年周游列国，他在卫国休息了一段时间，便劝说孔文子不要打仗，免去了一场灾难。后来，孔文子将自己的女儿接了回来，大叔疾外出的时候又被人夺了车，他一气之下就跑去宋国了。

孔文子的为人孔子很清楚，所以子贡才问“孔文子何以谓之‘文’也？”言外之意就是你明知道他办的事，为什么还要用“文”作为他的谥号呢。

孔文子的好学精神

《左传》详细记载了孔子和孔文子的事：

> 孔文子之将攻大叔也，访于仲尼。仲尼曰："胡簋之事，则尝学之矣；甲兵之事，未之闻也。"退，命驾而行，曰："鸟则择木，木岂能择鸟？"文子遽止之，曰："圉岂敢度其私，访卫国之难也。"将止。鲁国人以币召之，乃归。

"胡簋之事"就是簠簋之事，古代祭祀所用的簋是圆形盛米的容器，簠也是类似用途的东西。现在出土的文物中簋比较多，簠的起源比较晚。当孔文子来访的时候，孔子说：我作为一个儒者，对祭祀摆放贡品的事是明白的，但是对拿刀动枪甲兵之事并不懂。而且当他听说这件事后，立刻就告诉学生驾车离开，因为这个国家待不得。他还说鸟儿选择树木，哪有树木选择鸟儿的呢？言外之意是我来到卫国是从事政治活动，不能因为这件事蹚浑水。孔文子听了孔子的话之后急忙来阻止他离开，并且表示我请你去打仗不是我的本意，我本意是想问问打仗的事，不是要让你来帮我完成私心。孔子听他这么说，就准备留下来。但此时鲁国也派人带着礼物来请孔子，于是孔子就回鲁国了。

孔子晚年周游列国，在卫国这段时间处于很多矛盾的旋涡，孔文子事件只是其中之一。从这个故事我们可以看到孔文子做事是有缺陷的，在《论语·宪问》这一篇里，孔子还评价了孔文子："子言卫灵公之无道也，康子曰：'夫如是，奚而不丧？'孔子曰：'仲叔圉治宾客，祝鮀治宗庙，王孙贾治军旅。夫如是，奚其丧？'"这是孔子回到鲁国之后和季康子见面，谈论卫灵公无道现象的记载。卫灵公宠爱小老婆，将太子赶跑，季康子作为鲁国的执政者听了就不高兴，便问：如果像您说的这样，他为什么不亡国呢？言外之意是对孔子所说的话不认同。而孔子又说：因为有仲叔圉帮他搞外交，有祝鮀负责宗庙、鬼神的事，还有王孙贾管理军事。有这样三大贤人，他怎么会亡国呢？

仲叔圉就是孔文子，祝鮀是负责祭祀的人。祝是一种职业，也就是祭祀的时候向鬼神传达敬意的巫师，祭祀完成之后他们又会向人传达鬼神的赏赐。《左传》记载了祝鮀的一件事，卫蔡争盟的时候，有一个礼叫作“歃血”，歃一些动物的血，谁先喝意味着谁的地位高。蔡国人认为应该他们先喝，理由是当年周王分封的时候，蔡叔比卫国老祖康叔年纪大。卫国人见此不知所措，祝鮀就站出来说按照历史事实并非如此，因为周王分封的时候并不是按照年岁来定，而是按照德行。根据德行的原则，并不能说明蔡叔的年纪大就可以先歃血。祝鮀作为负责宗庙的人，他了解历史和宗教，这一番话就为卫国挽回一局。孔子听说这件事之后还赞美他有学问、伶牙俐齿。

当时的鲁国有三大家族分割国家权力，其中最大的一家就是季氏家族，康子就是季氏家族的掌门人，他也掌握了鲁国的大政。当他对孔子的话表达疑问的时候，孔子却说卫灵公虽然无道，但他善于用贤才。这样的回答让季康子有点自取其辱，因为暗讽了季康子的手下并没有孔文子、祝鮀和王孙贾这样的贤才。由此可见，孔文子在孔子的心目中是很有才干的一个人。

在孔文子去世后，孔子斟酌了他的一生：其一，他有才干；其二，他有缺陷。还有一个特点是敏而好学、不耻下问，这是孔子最赞赏的一点。《论语》最强调的一个品质就是好学，因为好学的人不俗气。我们的人生像一条河流，你将源头斩断，挖再大的水池注水也是死水，只有不断学习、掌握新的知识，才能保证源头有活水。虽然孔文子嫁女儿的事和他的夫人与人私通的事不好，但他通过学习改善自己，所以能够治宾客。朱熹在《四书或问》里谈到孔子如何评价他人，认为孔文子好学而成为一个贤人，他的好学精神遮盖了那些缺陷，这也反衬出孔子对学习多么重视。

我们的人生像一条河流，你将源头斩断，挖再大的水池注水也是死水，只有不断学习、掌握新的知识，才能保证源头有活水。

朱熹解读谥法文化

朱熹在《四书或问》对谥法问题也给出了解释，他说："先王之制，谥以尊名节以一惠，故人生虽有众善，及其死，则但取其一以为谥，而不尽举其余也。"意思是古人制定谥法是尊名节的，这是人生的价值。人在世界上混了一辈子，吃了很多粮食，也浪费了很多，如果只是挣钱吃饭买房子的过程，那么名节问题就难以立。这里的名节指的是什么呢？就是你这个人一辈子对社会的贡献有多大，你给世界提供了多少正面的影响。

另外，谥法也是表示上级对下级的恩惠。你做了事情我要通过好的名声来报答你，人身上有很多善，所以死后挑出一样来做谥。比如曾国藩善于打仗，太平军就是他镇压的，但最后给他的谥并不是武，而是"文正"。儒者修身甚严，一个有节操的人你不用再表扬他的武功，这就是"取其一以为谥，不尽举其余也"。

"以是推之，则其为人，或不能无善恶之杂者，独举其善而遗其恶，是亦谥法之所许也。"这段话是说：以前面的例子来推断，既然可以取众善之中的一善，那么这个人在善之外有缺陷，在做谥的时候也可以隐掉了。“盖圣人忠孝之意，所以为其子孙之地，与铭器者称美而不称恶同旨。”这是说：因为圣人的目的是奖励人行善，一个人死后你若举他的恶，这对后人不利。你做谥的时候专挑他祖上的坏事，让子孙注意到了也没法做人，就会将子孙都排斥在善之外，这是不好的。所以，对待善恶我们有时候应该是非分明，但也要有更大的格局来看。给子孙留有余地，是让他们可以改过，可以弥补过去祖宗的不足，这就好像过去人死之后在青铜器物上做明器一样。“惟其无善之可称，而纯于恶焉，则名之曰‘幽’‘厉’，有不能已耳。”如果说有些人实在没办法挑出善，像周幽王、周厉王等人所有的行为都是坏的，也可以得到“幽”“厉”这样的谥号，因为他一辈子不做好事，后人也没办法。

总之，在谥法文化上，其基本设定就是激励人为善。

孔子眼中的贤

子贡询问孔文子谥号的这一段文字，从知识层面看涉及中国谥号做法的问题，谥号的规矩就是奖励善，是给子孙留余地，这就是所谓圣人的宽厚之意。具体到孔文子的谥号上，孔子之所以用“文”作为他的谥号也是看到大处，他基本上是一个贤人，虽然有一些家庭问题，但你要知道父亲爱女儿，想要给女儿找一个好女婿，虽然做错事，但也是可以理解的。

这一段文字还可以看出孔子对好学的强调。“敏而好学”，是说聪敏、有才干的人还可以向别人去学习。“不耻下问”是说孔文子作为大夫，还可以向地位不如他的人去问，这是孔子非常在意的品德。一个人虽然有缺点，但他很努力；他本身很有才干，还去学习。曾子后来也说过类似的话，他说“以能问于不能，以多问于寡”，这样虚怀若谷是一件不容易的事，只有那些对自己的未来很在意，对自己的人生很尽心的人才可以做到。

现在大家都提倡国学，其实并不需要专门开一门课去讲文化史，只需要在这些文字之中提出文化史的信息，日积月累，学生的素养就可以提高了。子贡问到了孔文子的谥号，孔子借此激励学生要敏而好学、不耻下问。每个人都觉得自己很有才干，但你若不能好学，不向别人学习，那就应该和孔文子比较一下。所以，好学才是这一段文字所包含的中心问题。

并不需要专门开一门课去讲文化史，只需要在这些文字之中提出文化史的信息，日积月累，学生的素养就可以提高了。

第十五讲 士不可以不弘毅

课本里的《论语》

曾子曰：“士不可以不弘毅，任重而道远。仁以为己任，不亦重乎？死而后已，不亦远乎？”

——《论语·泰伯》

弘毅释义

这是一段曾子的语录，阅读这段话会发现曾子的语言风格很硬朗，带有强烈的格言色彩。比如“可以托六尺之孤，可以寄百里之命”等，都是掷地有声的语言，这也是曾子的特点。在《论语》之中，语言可以见性格，我们能够看到一些人的性格特征。

关于这段话是否出自曾子之口，还有一些争议。在《后汉书》等古籍之中，有人举证这是孔子的话。但后来也有学者指出，这是古人凭借记忆引述，他读得比较熟悉之后，引述就不会去查证，不去查原述就会根据记忆引，经常会出现张冠李戴的现象。所以点校古书是非常麻烦的一件事，凭借记忆引述之后再去寻找原话就很费事。

在苏东坡的文章中有一句“藏富于民”，这是有若的话，意思是百姓富足君才足。但苏东坡却说这是孔子说的，从学术上来说曾子的有些话可能就是从孔子那里得来的，有些是原话，有些是意思引用，这也不算全错。如果说孔子也曾经表达过“士不可以不弘毅”的意思，也不能算全错，只能是文献学的一些话头。

对于“弘毅”的注解，唐代之前的旧注和朱熹的《四书集注》是有分别的，唐代之前的注释是郑玄所注，“弘”解释为气量、格局要大，眼界要宽。“毅”解释为能决断，有毅力，有魄力。“弘毅”的意思就是“士当宽大强断决，以其所任者重，而行之又久远。”三国时期有一位名士何晏，他做集解的时候引用了包咸的说法，认为“弘毅”就是强而能决断也，后面还加了一句“士弘毅，然后能负重致远路也”，意思是弘毅让我们任重道远，能够在压力之下完成任务。这都是唐代之前的解释。

朱熹做《四书集注》的时候，综合了宋代以来对《论语》的理解，提出了新的注释。他说："弘，宽广也。"和大并不违背。大，心胸宽大的意思。毅，不是能断，而是强人也。强人就是能够忍耐。这种解释向内转了，非弘不能胜其任，非毅无以致其远，弘就是与后面的任重相对，毅就和后面的志远相对。这样的解释之中透露出宋儒的一个基本精神，强调内在人格的自主性。

弘毅之争

朱熹的《四书集注》有时候比"四书"本身还要难理解，看《四书集注》必须要了解玄学到宋代理学、心学的发展，才能够看懂它。朱熹认为仁是内心一个完美的德行，我们要身体力行仁道，这是很重要的。这一点就和过去的行仁道思想不同，汉唐对仁道的旧解是认为要向社会推行仁道，而到了朱熹则变成自我实现仁。而且朱熹说"一息尚存，此志不容少懈，可谓远矣。"也就是说我们要成为仁者，必须一辈子不懈地努力，还要自我完善。

对于"弘毅"的理解，宋代的名儒将它转化为主体的自我构建，而汉唐时期郑玄、包氏的解释则是将推行道在社会中完善。朱熹又引用程子的说法"弘而不毅，则无规矩而难立。毅而不弘，则隘陋而无以居之。"因为宏大刚毅，然后能够任重而道远。朱熹用程子的话验证了自己的说法，说明做一个仁者就要抵抗内心的物欲，要刻不容缓，不容任何停留地用一生来成就仁的品德，也就是任重道远。

对于朱熹的这种说法，后世也有不同意见。清代有一位黄式三写了一本颇为著名的

做一个仁者就要抵抗内心的物欲，要刻不容缓，不容任何停留地用一生来成就仁的品德，也就是任重道远。

《论语后案》，他引用了很多关于《论语》的解释，认为朱熹的解释不符合原意。黄式三认为孟子应该很了解孔子，而孟子就认为“任重道远”实际的意思是将改善天下的任务放在我们肩上，并不是内心仁和灵、肉的分别。他还引用《后汉书》中《荀彧传》对仁的解释：“诚仁为己任，期纾民于仓卒也。”说明推行仁道是为了让民众颠沛流离的生活可以缓解，也是我们要改善这个世界，给民众带来福祉的意思。黄式三还引了《三国志·邴原传》中孔融的话“仁为己任，授手援溺，振民于难”，说明我们伸出手去拉出落入水中要淹死的人，让民众从苦难中脱离，这就是仁。用这些古代的解释，黄式三反驳朱熹，认为他的根据不足，因为比他更加古老、距离孔子更近的人和你说的不一样。

我们读《论语》时要知道学术上的一些争论，朱熹认为万事万物都有一个理，这个理是通天地最善的那个，可是每个人都是肉欲之身，我们往那个理上搭，做任何事都很难，这就是任重道远。但是王阳明就不再讲这个理，他讲内心。王阳明认为我们的内心通着宇宙，宇宙创生，我们内心也有这种创生的力量，我们要找到那个力量。这其中的区别就是宋明的区别。

到了清代之后，清人更加重视证据，他们叫作标新汉学，认为宋人不如古人。因为汉代距离古代更近，汉代的文献更多，汉人也更了解孔子。虽然清代儒家这种设想有问题，但是曾子在《论语》中的话是否指朱熹所说的内心、情感和礼仪，在这一点上清人有他的道理。如果说谁更符合曾子的本意，我倒觉得先儒更贴合，曾子的本意并不是朱熹那个意思。宋儒将它越分越细，出现了“心即理”还是“性即理”这样的礼学争执，朱熹就把它变成了一个内在的任重道远，而先秦的儒家似乎不是这样看。所以从具体的看法而言，黄式三的驳论是对的。

内圣外王，崇德辨惑

当今的中国人从《论语》中学什么？我个人粗浅的理解是学做人。儒家讲内圣外王，讲让有道德的人到政治场合去改善世界、推广仁道，这和现代政治贴合不够紧密了，但是我们可以将内圣外王收缩为一种格局：你是什么样的性格，就决定你的事业成败和大小。你要做人就要做事，坑蒙拐骗只能得意一时，长久不了。你修一个好气量，修好品格跟人做事情，你的成功率才会高。

如果我们将内圣外王收缩为一种格局，那么儒家对我们造就人格就非常有帮助了。比如有一部分人开车火气很大，在四川的马路上有一个女的开车别了一个男的，这个男的火气上来以后就将她截在一个角落里，拽出来打了个一佛出世二佛升天，打到了医院里。这件事女的也有错，因为她非常不理性地斗气。这就是所谓的戾气，和天上的雾霾一样，是反常的状态。要消除这种戾气，孔子就说要崇德、辨惑。樊迟问他什么叫崇德，孔子说崇德就是你去做，再讲究收入。意思是你先把自己的本事培养好，再讲究工资的高低，这叫现实而后得。那什么叫辨惑呢？一朝之愤而忘其本身，以及其亲。突然发脾气而忘记自己，跟人打架将人打死，不止损害别人也伤害了自己的身体。因为任何社会打死人都要偿命，你也连累了自己的亲人。一个小伙子十七八岁，爷爷奶奶、姥姥姥爷都活着，听到你犯了这个事以后咣当急死了，你不负责任？这就是惑。这些道理和青年朋友早点去谈，告诫他们往心里去，可不能那么做事。戾气就

你是什么样的性格，就决定你的事业成败和大小。

是动物性，动物是根据本能来行动，但它有时候也很理性，打不过对方的时候它也示好。总之我们讲弘毅，就是内心的气量要大，要包容。人是社会动物，我们的牙齿、手连猫狗都打不过，论强壮连猪都不如，我们有缺陷，但我们作为社会动物就要有诚信，所以《论语》讲了很多诚信。这里我们先不讲，我们现在强调与人共事你的心胸问题。

有一个例子，在北朝有一个姓李名冲的人，属于尊贵的陇西李氏。从小他的哥哥就说：我们家将来光耀门楣就要靠你了。在北魏孝文帝改革实行均田制、三长制的时候，李冲辅佐孝文帝和冯太后，取得了很多成就。但是史书记载，李冲震怒的时候就会“瞋目大呼，投几折案”。虽然他平时很温和，可一旦暴怒就会言语错乱，扼腕叫詈。他虽然身份高贵，但是生气时可以像街上的泼妇一样骂街。在李冲四十九岁的时候，他和一个叫李彪的人吵起来，就像疯了一样，将自己的肝肺气到爆裂，“谓肝脏伤裂，旬有余日而卒”“医药所不能疗”，不过十几天就气死了。气量和智慧不成比例，败坏了事情，李冲也成了历史上的一个笑话。

王安石是一位改革家，他在历史上的功业、学问我们都挑不出毛病，但他的人格有缺陷。历史记载，他谈变化的时候，只要有人同意，他就会高兴大笑；只要有人稍微提出一点意见，他就会气得脸红脖子粗。在政治场合，这是大忌。因为无论是谁，无论你地位多高，你和别人交流的时候一旦动了气，就意味着交流的失败，哪怕你是对自己孩子生气。在政治场合你那样和人谈话，会将很多人推出去。本来人家是想帮王安石，觉得新法有问题，俗语说“褒贬是买主”，正是因为要帮忙才会这样说，可他一翻脸就将人推出去了。所以有人说王安石骨子里是一个文学家，表面上是一个改革家、经学家，因为他不够宽容。

有一次，王安石和程颢谈新法，又粗脖子涨脸生气了，程颢就说：王相公，这是国事，不是我们在家里吵架来解决的。这句话将王安石说了个大红脸，此后他见到程颢就收敛脾气了。实际上，王安石这样的行为就是没有修养，应该是见谁都收敛自己的脾气你才能与人合作。那么，怎么去建立这种宽大的心胸呢？儒家就给出了答案。

在《论语·泰伯》篇中我们看到这样一些话，曾子说“以能问于不能，以多问于寡；有若无，实若虚；犯而不校——昔者吾友常从事于斯矣”。以曾子证曾子，他认为懂得多的人还要向懂得少的人去请教，能力强的人向能力差的人去请教，“有若无，实若虚”，要始终虚怀若谷。“犯而不校”是我们做人时需要特别注意的问题，比如学术研讨会上讨论问题，我不同意你的观点，但我绝不伤害你的颜面。我们各自亮出自己的观点，但我不中伤你。“校”就是拿一个东西去比较，去校正，这就有了伤的意思。虽然观点有冲突，但我们可以慢慢谈，不用翻脸，这就叫“犯而不校”。“昔者吾友常从事于斯矣”，大家都在猜测这个“吾友”到底是谁，有人说是颜渊。

朱熹认为强人是可以忍耐的人，苏轼写《留侯论》认为张良能成大事，就在于他能忍。张良小时候在桥下遇到一个有道老人，老人几次掉了鞋子让他去拿，张良都去拿了。这是他能忍、宽容的一个重要表现。其实，这些内容都可以归入“仁恕”的范围，尤其是恕道。我们曾讲过“己所不欲，勿施于人”，能够在对方的角度替对方找理由，尤其是对方貌似做了对不起你的事时，这就是一个很关键的素养。将我们的狭隘抑制住，真正地放平，这个境界需要慢慢修，才能真的做到宽容忍让、大气量。

孔子的宽和

孔子就是一个宽和的人，就算对待坏人的时候他也能做到“弘毅”所要求的大气量和冷静。

《韩非子》记载，有一个叫阳虎的家臣，他的人生哲学是：如果主子有本事我们就死心塌地做奴才。如果主子没本事，那我们就要做主人。这种想法在古代儒家看来是典型的小人哲学，其真假我们虽然不可考，但通过入骨三分的描写也可以了解阳虎是一个什么样的人。

别人起早贪黑做好人好事，但阳虎是一个孜孜不倦做坏事的人。据记载，阳虎想要坐车逃跑的时候，因为担心别人会坐车来追，所以他提前将周围人的车都借过来，然后锯断了所有车的轴，涂上油用麻绳包起来，以防被人发现。从这件事可以看出来，阳虎是一个思想邪恶的人。

当阳虎想要造反的时候，想到孔子很有威望，就意图拉拢他。可是孔子对待他的态度是一不合作，二保持距离，不得罪他。阳虎千方百计接近孔子，赠送了孔子一只烤乳猪。孔子接受了阳虎的礼物，按理就需要还礼，但是他又不想见到阳虎，就打听到阳虎不在家的时候，送了一份礼还回去。可是阳虎早就料到他会这么做，在孔子离开的时候忽然冒出来。他问孔子：一个人想要救这个世界，但是没有时机，这样的人算聪明吗？孔子回答说：不算。虽然如此，但孔子的确是一个想要救这个世界的人，阳虎的话也有道理。既然阳虎这么劝，他就回答说：好，我出来做事。可是，虽然孔子出来做事，却至死都没有和阳虎合作。

对待一个坏人，他以礼来，我就以礼往。你说得对，我也接受建议出来做事。但我不会跟你一起做事，这是分寸感。

对待一个坏人，他以礼来，我就以礼往。你说得对，我也接受建议出来做事。但我不会跟你一起做事，这是分寸感。遇到大奸大滑的人，孔子不动气性，虽然他爱憎分明，但如果他去打阳虎，可能先被阳虎所害。这是气量、尺度和冷静，属于弘毅的内容。

临大节不可夺

对于“毅”，曾子也有一段话，他说：“可以托六尺之孤，可以寄百里之命，临大节而不可夺也——君子人与？君子人也。”这表现了儒家所提倡的君子能断的那种魄力。

“六尺之孤”是说老皇帝死后，储君还小，将这个孩子托付给顾命大臣。周代有一篇文献叫《顾命》，就是指周成王死的时候，康王还年轻，大臣辅政。作为一个可以托六尺之孤的大臣，有些人可以做到，有些人却是做不到的。三国时期孙策被刺客所伤致死，临终前他将弟弟孙权托付给大臣张昭。孙权看到哥哥死了，哭了一晚上，张昭就劝他擦干眼泪料理大政。刘备将儿子刘禅托付给诸葛亮，这也是一个值得托付的人。但也有不可托付之人，魏明帝当年流着眼泪将孩子托付给司马懿，司马懿也流着眼泪接受了，但最后的结果大家都知道。托孤其实很考验人，国王小的时候，顾命大臣离权力只有一步之遥，代行王政，诸事倥偬，就容易出事。

“可以寄百里之命”，是指如果给你一个县，一个省，让你做百里侯，你是否可以用自己的学问造福一方民众。为官一任，造福一方，你学了儒家的学问能不能做到。史书上对孔子的二十世孙子孔融的评价是“有吏德无吏能”，因为他走一个地方乱一个地方。孔融在北海做太守的时候，被叫作“孔北海”，但他治理不好这里。因为这个人浮华，文学气太浓，他写文章没有问题，但是治国理政需要耐心细致，孔融却做不到。古人将造福一方的官员叫作循吏，比如文翁在四川做太守的时候发现这里的人聪明、富裕，因为都江堰修建完成之后四川成为天府之国，但是这里没人受过教育，所以文翁就在这里办学，也就是如今的文翁实验中学。现在的天府广场还发现过赞美文翁办学的石碑。他不仅办学，还派遣一些聪明的小孩去长安跟随博士们学习。文翁很通人情，他让孩子们带上一点盐、蜀国特产到京城，遇到这些人都会送小礼物，人家就很愿意教这些孩子们，孔夫子也是"自行束脩以上"。经过文翁的努力，四川的文教事业兴旺发展，没多久就出了司马相如这样的大文人。文翁这样的官员就叫作循吏，他在文化欠发达地区推广正统文化，几千年来文教统一都和这些人有关系，这叫作"可以寄百里之命"。如果一开始满心想要改善政治，但是到了官场没几天就开始贪污、分赃，这样的人就是麻绳栓豆腐——不能提了。

"临大节不可夺"，意思是大事来临的时候你不可夺心志、气节。当年明朝在北京外修建长城，北京距离密云才七八十公里，这里就是防御蒙古人的前线。到了明英宗的时候，大太监王振怂恿明英宗御驾亲征，讨伐蒙古族瓦剌部，就打了土木堡战役，结果明军大败，明英宗被俘，瓦剌部带着皇帝到北京来，驻扎在德胜门外，叫开城门让明朝大臣看。这时北京城乱成一团，很多人都想赶紧跑去南京。但是跑了就是将大明江山拱手相让了，所以于谦站出来说不能跑，蒙古人并没有想亡大明，这时调动军队还来得及。当时于谦只是一个兵部侍郎，他指挥若定，将明朝局势稳定下来。蒙古人抓走了皇帝，他就再立一个皇帝，将这张"粮票"作废，让"摇钱树"废掉。新立的皇帝是英宗的弟弟，也就是景帝，这就是"临大节不可夺"。

有的时候在朝廷打边鼓，我们要坚持自己的人格不变节会更难。

文天祥在崖山之战打完之后，面临一点儿希望都没有的状况还不愿意投降，这很值得我们尊重。文天祥当时可能认为，战争已经死了那么多人，自己再投降苟活下去对不起那些人。他不是一个王朝的忠臣，因为南方朝廷已经没有希望了，而且蒙古人对他很好，虽然关押起来，但是始终希望他投降，可是文天祥坚决不干，这也是大节不夺。纵然有时事出仓促，你不能夺了心志，这就是君子。

任以为己任

儒家对人要求有一个好品德，一副好心肠，一副好心胸，当然还要求有好学问。遇事之后不可夺，你还不能蛮干。就像于谦所遇到的情况，光有大节还不行，如何调兵遣将必须要有对策。在今天说内圣外王的时候，并不只是说去做官，你做任何事业的前提都必须要有好的人格。就算是当一个家长，如果没有好心胸也未必做得好，对孩子偏心，一碗水都不能端平，那么家里就会整天吵闹。因此，儒家的学问在今天的社会依旧是建构内心的重要资源。

儒家所讲的心胸，“士不可以不弘毅，任重而道远”这是一个总概括。“仁以为己任，不亦重乎？死而后已，不亦远乎？”这是说为什么我们要内心宏大，因为我们任重而道远。而任重就是因为我们要推广仁道。推广仁道就是为了改善这个世界，这个责任非常大，一辈人或几辈人都办不完，其实就是我们要追求一个美好的目标。

《大学》中讲：“大学之道，在明明德，在亲民，在止于至善。”这就是仁道的标准，作为一个儒者，推行仁道是一辈子都不能松懈的事情，要死而后已，是一个长期坚持的马拉松，它靠的不是速度和技巧，靠的是意志力。在汉语之中，总是先提出一个概念，然后下面分句对概念进行说明，这是汉语的特点。《老子》的问题也有这种特征，他提出一个概念之后下面开始描述，向下分岔，形成对偶。比如先说“士不可不弘毅，任重而道远”，下面再说“任以为己任，不亦重乎？死而后已，不亦远乎？”所以后来的诗词就是前两句不对偶，之后才是对偶，形成一个四方体。汉语的这种特征很巧妙，就像是格言一样，方便我们将它背诵下来。

“士不可以不弘毅”这段话有永恒的价值，我们今天不必说推行仁道，不必说从政，做任何一件事都需要和人合作，所以必须要有宏大的心胸和坚定的意志，这样才能办成事。所以做人难，两条腿才能把一个人支撑起来，还需要担起社会责任，更是难上加难。这就需要我们不断完善、磨炼自己。这一段话在今天依旧具有启示意义，它用“弘毅”告诉我们如何去开拓心胸，这个概念要清楚，在《论语》中可以找到一些具体的句子和故事，告诉我们应该怎么去做。要仁恕宽容，还要谦逊好学，这都是拓展弘毅的方式。

【第十六讲】

知者不惑，仁者不忧，勇者不惧

子曰：“知者不惑，仁者不忧，勇者不惧。”

——《论语·子罕》

知、仁、勇

《论语·子罕》中的“知者不惑，仁者不忧，勇者不惧”这一段虽然很短，却涉及三种重要的德行，就是所谓的知、仁、勇。

南北朝时期有一个叫皇侃的人，他引用了东晋时期南朝人孙绰的话说：“知能辨物，故不惑也。安于仁，不改其乐，故无忧也。”这里的“知”在《论语》中是“智”，在读《论语》的时候要分清楚读“zhī”还是读“zhì”，当它做动词的时候读“zhì”，当它做名词的时候读“zhī”。这句话的意思是：知啊，是干什么的呢？是辨别事物的，所以用不惑来形容它。为什么仁者不忧呢？因为仁者安于仁道，不论穷困富贵，不论顺畅颠沛，都心里踏实，所以没有忧虑。孙绰没有提到勇，而皇侃又引了缪协的说法：“见义而为，不畏强御，故不惧也。”这里的“义”按照古代的说法就是适宜，是社会的道理规范，是每个人都恰如其分地去做自己的事。下班拎着包走路回家，这是合适的“义”，但若有人非要抢夺，这是不合适的，就是不义。现代汉语之中的“见义勇为”就来自《论语》，“见义不为无勇也”，见到不义的事情，如果我们不敢出手，就是不勇敢。而勇敢从何而来，不是胆大、力气大、不怕死，而是你做的事是正确的，就不应该怕。儒家强调勇，是站在义的线上，不是强调血气，不是指像动物一样拼雄性激素去打架。这是唐代之前对这段话的解释。

儒家强调勇，是站在义的线上，不是强调血气，不是指像动物一样拼雄性激素去打架。

朱熹在《集注》之中对这段话有新的解释，他说“明足以烛理，故不惑”。意思是知可以将理照出来。在理学家朱熹看来，万事万物都有一个理，这个“理”可以粗浅地理解为万物的道理，他觉得你有智慧认识到理就不会疑惑。万物是一气的，气要构成万物也是有理的。“理足以胜私，故不忧。”只要你坚持这个理，就可以战胜你的私欲。比如走路时要按照红绿灯指示，这就是一个理，你若有苟且心，看到红灯时没有车自己就走过去了，拐弯处来一辆车你就会妨碍别人，自己也可能面临危险。朱熹这种说法是将私欲内转为我们的理性控制欲望，他特别强调内心的理，和对理的遵从。他认为“理足以胜私”，你能够控制自己，你就没有忧虑。这和前文所讲的“安于仁，不改其乐，故无忧也”是一样的道理。这是整个宋代儒学的一个基本倾向。

朱熹认为“气足以配道义，故不惧”，“气”就是指我们身体的物质能量，你坚持一个战胜私欲的理，还应该有一个基本能量支撑它，否则你就害怕。“不惧”是我们内心中要坚持的一个理，而且还有相对的能量去支撑它。按照孟子的说法，这就是志，“志一则动气，气一则动志”，如果你的身体状况不好，有些事就不能做了。

这句话之后，朱熹还说“此学之序也”，这是在说学的秩序，说明我们学习做人有一个前后秩序，它赋予知、仁、勇前后次第的关系。这句话在《论语》中是否有前后次第关系，《论语》本身没给出答案，但是朱熹认为人要先从知入手，找到明智正确的理，然后再用勇气加以坚持。这种说法符合朱熹理学的理论，大、小程子也这么认为，我们应该先知理，知道对错，经过不断磨炼和自我约束，做到人理合一。这就是宋儒解释的学之序，知在前，仁在中间，勇居后。

朱熹对这句话的解释主要侧重在“惑”上，在《论语》中所谓

> 我们应该先知理，知道对错，
> 经过不断磨炼和自我约束，做到人理合一。

的“惑”不单是智商，更是来自感情的干扰。朱熹对此的解释有胜于前人的地方，他强调了理可以定住情绪，这个角度可以帮助我们认识惑。

在《颜渊》篇中有一段：

> 樊迟从游于舞雩之下，曰：“敢问崇德，修慝，辨惑。”子曰：“善哉问！先事后得，非崇德与？攻其恶，无攻人之恶，非修慝与？一朝之忿，忘其身，以及其亲，非惑与？”

这一段是描写樊迟跟着孔子到舞雩台下去活动，他就说：我斗胆想问崇德、修慝、辨惑这三件事情。崇德是让我们的德行高起来，修慝是杜绝奸邪现象，辨惑就是明辨是非。对这个问题，孔子说：这是一个好问题啊！先把事情做好，再去讲收获，这不就是德行吗？经常攻击自己的恶，而不说别人的恶，你就杜绝了奸邪现象，也就是君子反求诸己。让你的情绪感染自己，这不就是惑吗？

在孔子的回答中，“攻其恶”的“其”可以读作“jǐ”，意思是自己。今天有一个成语叫自欺欺人，其实这个词是错误的，它最早是“自欺其人”，就是自己欺骗自己，也就是儒家所说的欺心。而这里的“惑”是宋明理学很在意的事情，它不是指我们对事情的认识，而是情绪对你的干扰。

《颜渊》篇中子张也提过类似的问题，他没有问“修慝”，而是问了“崇德”“辨惑”。孔子的回答是：“主忠信，徙义，崇德也。爱之欲其生，恶之欲其死。既欲其生，又欲其死，是惑也。”他的意思是：以忠信为主，不断向义的方面迁移，这就是崇德。爱一个人就让他活，恨一个人就让他去死，你已经让他生，现在又让他死，这不是情绪太过波动吗？这就是惑，是顶不住情绪波浪的颠簸扑打，让情绪做了主，不能明辨是非了。

《论语》之中的惑有两个含义：一是认知上的惑，二是情感上的惑。孔子谈得更多的是情感上的惑，他认为笨一点没有关系，情绪太敏感就很可怕，人的戾气就源于此。因为智商和德行之间没有必然的关系，这就是孔子眼中如何自我管控情绪构建德行的方式。

天下之达德

《中庸》认为智慧、仁和勇敢是“天下之达德也”。“达德”就是普遍的德行，这让我想起古希腊人讲四美德：智慧、勇敢、节制和正义。公平正义和儒家的仁道很接近，在中西之间做人的德行并没有根本性区别。柏拉图在《理想国》中谈到四美德，认为它们是完整统一、缺一不可的。他所说的智慧，是统治者的智慧。勇敢是武士要捍卫城邦。节制也是勇士应该遵循的，小民也要节制自己不越位。和儒家不同的是，柏拉图认为一个理想的城邦里各个阶层都要有德行，儒家则是认为君子是需要讲究知、仁、勇这三达德的。

《论语》中认为，仁和知是统一的，仁用来统知，却将知放在了前面，可见儒家强调智慧，要先知道是非好歹，才有仁和勇敢。那么，“知”到底包括什么呢？《颜渊》篇里：“颜渊问仁。子曰：‘爱人。’”孔子的意思是仁就是爱他人，这是仁者的起点。这里的人不只是自己的爹妈，还包括和你不相干的人，将自己对爹妈的爱推广出去。而樊迟又问：什么是知呢？孔子说知就是知人。在中国人看来，能知人就是智慧。比孔子早几百年的《尚书》里有一篇文献《皋陶谟》说“知人则哲”，“哲”和“知”都是最高的智慧，作为一个领导，需要派遣什么人去做什么事，这是最大的知，和西方所谓的爱智慧不同。《论语》讲："视其所以，观其所由，察其所安。人焉瘦哉？人焉瘦哉？"这是告诉我们去看一个人，要看他的出发点，看他达到目的的手段，看他的趣味指向。看一个人的这三个方面，他就真实地呈现在你面前了，这也是后来很多人认为的知人术。

我们去看一个人，要看他的出发点，看他达到目的的手段，看他的趣味指向。

关于看人的智慧，《论语》还有其他的内容。《卫灵公》篇说"由！知德者鲜矣"，知德就是知道德的重要性。《尧曰》篇中说"不知命，无以为君子也。不知礼，无以立也。不知言，无以知人也"。这是说一个人不知命就没法做君子，有时候命受主客观的限制，我们必须认识到自己能做什么，不能做什么，划分清楚才可以踏实地按照这些去做，这样才是君子。总是向自己不能做的事情挑战，身高一米四非要去打篮球，这就是不知道自己主观的限制。而"知礼"是指在这个世界与人打交道需要一个媒介，见什么人打什么招呼，这是礼法规定的。"知言"也是孟子说过的，人和人打交道是语言的交道，有时候语言可以通过脸色表现出来，了解这些就能够了解别人。所以知命、知言和知礼都是知人，都属于智慧的范畴。

在《论语》里还有一段叫作"知之为知之，不知为不知，是知也"。这意思是说知道我们知道什么，也知道我们不能知道什么，明白了自己的限制就不会做非分之想了。这也是"不知命，无以为君子"的意思。

孔子眼中真正的知是什么呢？是知道我们自己的局限性。西方康德哲学也出现过一个类似的观点，在康德之前，人们总是谈世界，似乎人类什么都知道，也有人提出我们什么都不知道，连因果律也是不靠谱的。这就出现两个极端，一个认为什么都可以推出来，一个认为我们无知，康德哲学协调了这两者，最后得出批判哲学，他认为我们能够在现象范围内认识世界，而且还能建立科学，所以不能怀疑因果律。这就是“知之为知之”。至于宇宙和上帝，就是“不知为不知”。有些事我们没法知道，你认为宇宙是有限的，并且能找出很多理由；我认为宇宙是无限的，也能找出很多理由，这叫作“二律背反”。在很多问题上你说是也对，说非也对，这实际表示我们不知道它真正的是与非。

康德批判哲学形成了一个综合的著名观点，一直到今天对我们还有很多启示。真正智慧的问题就是我们要知人、知命，我们有局限，我们要知礼，要了解社会文化。在西方旅游，你要了解别国的国情，这是聪明的办法，否则和人打交道就打不通。至于知言，是我们要通过一种媒介了解别人，和人打交道的时候要捕捉他的信息。

智慧与爱人

要想有智慧，《论语》也告诉了我们求知的方法，“温故而知新”是我们都知道的，它是指从过去的推出未知的。从人文角度来说，认识历史能够展望未来，这是求知的方式。孔子除了“温故而知新”，还在《子罕》篇说过一个方法：“吾有知乎哉？无知也。有鄙夫问于我，空空如也。我叩其两端而竭焉。”这是说：我是不是什么事都有现成的知识，什么都知道呢？并不是，我没有那样的知识，有一个边地来的人来问他那里的事情，我也什么都不知道。但我有一个办法，他问我的事我能够让他说出事情的原委，我就可以找到一个办法。“鄙”的意思并不是鄙视、轻蔑，而是指边地。古代的大城市称之为都，小城市就叫作鄙。在这句话中，孔子提出了一个致知的方式，那就是深入地了解事实，当你了解了事情的来龙去脉，那么方法就自在其中。

孔子还认为知识是一种意志力，它和行动力有关。“子曰：‘知及之，仁不能守之，虽得之，必失之。知及之，仁能守之，不庄以莅之，则民不敬。’”你从智力上了解一件事情，但你要将它付诸行动才有意义。比如你知道吸烟有害健康，但若继续吸，前者也是没有用的。知识是智慧，但智慧需要变成真正有用的东西就需要付诸实践。

“仁”在《论语》之中大概出现了一百零五次之多，对于它的含义，黄式三在《论语后案》里边就说：“仁者克己爱人，于一己化侮夺之心，为一世消忌欺之术，道路皆荡平，自无崎岖偪侧之忧也。”在他看来，仁者无忧是因为以爱人之心对待一切。对自己来讲，我们没有任何侮辱别人、夺取别人的心思，这是仁者实现了仁道的。仁者立身，立身的一个原则就是对别人没有侵害之心，没有侮辱之心。仁者也想替世界消除互相猜忌、欺诈的这种心思。你自己不是想欺骗这个世界、侮辱他人，你也想为世界消除这种现象，人生道路多坦荡，你不会有崎岖不平，这叫仁者无忧啊。

仁的含义在《论语》中出现了那么多次，概括一点讲，特别值得我们注意的就是仁者无忧。就像黄式三说的做一个踏踏实实的人，以仁、善的心对待别人，就可以不用整天提心吊胆，防着这个防着那个。用白话说就是不做亏心事，不怕鬼叫门，做了亏心事，自然老是提心吊胆。

我们看到一些凶杀案里，杀人犯跑了十八年，后来还是投案自首，为什么？因为十八年逃亡生活太艰辛了，不如坐牢踏实。所以人

> 以仁、善的心对待别人，就可以不用整天提心吊胆，
> 防着这个防着那个。

成佛不易，成魔也难。从个人来讲，仁可以给我们带来身心的幸福。

但是仁还有更多的意思，就是要为世界消除欺诈之术。我们读《论语》有一句话经常被人忽略，但是又不可忽略，就是在《论语·宪问》篇里的这句话："君子而不仁者有矣夫，未有小人而仁者也。"这句话是说：君子已经不仁了，从来没有过小人可以仁的。这个话颇为费解，在《论语》当中，君子和小人各有两重含义：一是君子指在位者，小人指不在位者；二是君子指有德者，小人指无德者。我们要了解这个君子和小人到底指什么。"君子而不仁者有矣夫"，如果说是有德者已经不仁了，这话是矛盾的。你承认是有德者，他怎么会不仁呢？"未有小人而仁者也"，意思是从来没见过缺德的人可以仁，这是废话，就像是说从来没见过没有吃饭的人可以饱。我觉得孔子不至于说这种废话，他不是一个形式逻辑的玩弄者。那这句话只能换成另外的意思：在位的君子已经不能行仁道了，我从来没见过不在位的小人可以仁。

这段话的要领难在孔子谈仁道针对的是那些在位君子。他已经把芸芸众生跟仁道的关系分开了。读《论语》要注意仁的含义很复杂，这段话让我特别注意孔子讲仁是为那些在位君子立法。孔子在《论语》中从来不同时谈仁和义，见不到"仁义"俩字。他谈仁的时候会谈礼仪、乐。也就是说在《论语》时代，"仁"这个道还没有普遍化，芸芸众生的生活规范没有仁道。

但是我们又承认，任何人都应该"己所不欲，勿施于人"，所以它又包含所有人都遵循的普遍价值。但是为什么孔子就讲一个"君子而不仁者有矣夫，未有小人而仁者也"呢？这里有孔子的焦虑，看《论语》你会发现，如果这个世界乱了，是谁乱的呢？是君子们、那些在位者乱的，所以他要提出仁道跟在位者讲。所以孔子平时可能对自己学生很少讲仁道，他是见了这些君子去讲啊。

这样理解的话，《论语》讲仁的地方就容易理解了。仁，我们现在可以理解为：它是你的主观德行。任何人都要修炼做个君子，将来有机会从政。那么你就先从做人开始，所以仁就是主观修养。孔子轻易不许人做仁者，但是又说“仁远乎哉？我欲仁，斯仁至矣”。这是从主观修养上说你将来想做个圣贤、仁者，你就从做仁者的要求开始走上仁者之路。你把“己所不欲，勿施于人”横在心里，就开始慢慢修炼，从主观上人人都可以做到，也很容易。但是要坚持下去，弄出点结果来可就难了。所以仁者是主观修养，但光有主观修养也不算仁者。

管仲之仁

《论语·八佾》篇中孔子骂管仲说“管仲之器小哉”，说他小气。“管仲俭乎？”问管仲俭朴吗？孔子说：“管氏有三归，官事不摄，焉得俭？”他说管氏有一种税收，一大群人给他服务，他怎么会俭朴呢？又有人问“管仲知礼乎？”孔子说：“邦君树塞门，管氏亦树塞门；邦君为两君之好，有反坫，管氏亦有反坫。管氏而知礼，孰不知礼？”他说邦君有个影壁墙，他家也修个影壁墙，邦君在两国交好的时候有个放酒爵的台子，他家也放，他哪知礼呀？

从个人修为来讲，管仲家庭比较奢侈，比较不遵守礼法，个人修养有问题。但是在《论语》的《颜渊》和《宪问》篇里，子路跟老师说：“桓公杀公子纠，召忽死之，管仲不死，未仁乎？”孔子怎么回答？他说：“桓公九合诸侯，不以兵车，管仲之力也，如其仁，如其仁。”意思是：齐桓公杀了公子纠，公子纠手下有大臣管仲和召忽，结果召忽殉节了，管仲没殉节，这不像个仁者吧。但是后来齐桓公多次联合诸侯，不是用武力来威胁大家，而是心甘情愿联合，这是管仲的力量，这就是他仁的地方。

子贡也问过这样的问题：“管仲非仁者与？桓公杀公子纠，不能死，又相之。”他是说管仲不但不给自己旧主子死节，反过来给自己的仇人做了宰相，辅佐了自己主子的仇人。孔子却说：“管仲相桓公，霸诸侯，一匡天下，民到于今受其赐。”假如没有管仲，我们这些人都披发左衽了。也就是说如果当年不是靠着管仲辅佐齐桓公，把诸侯联合起来抗击夷狄，我们这些人都变成蛮夷了。

在私人生活上，孔子否定管仲是个仁者，但是当他对国家民族有贡献的时候，孔子依旧称他为仁者，这才是仁者高深、远大的要求。为什么仁者任重而道远？行仁道要给家国民族做出值得怀念的事情，这才是真正的仁者。而不是矜矜然自己做个君子。孔子号召大家做君子，但是更号召大家要有更远大的志向。仁要从做人开始，然后做一番对家国民族有贡献的事业。

克己复礼，天下归仁

《颜渊》篇中有一段：“颜渊问仁。子曰：‘克己复礼为仁。’”孔子的意思是你要做仁者，先把自己私欲克制起来，恢复到礼法上去。然后他又突然冒出一句话：“一日克己复礼，天下归仁焉。”这句的主语指颜渊吗？颜渊这一辈子没做过官，而且居住在陋巷，“人不堪其忧，回也不改其乐”。他在家里克复礼天下就归仁吗？这儿有个问题。孔

仁要从做人开始，然后做一番对家国民族有贡献的事业。

子说："为仁由己，而由人乎哉？"颜渊说："请问其目。"孔子说："非礼勿视，非礼勿听，非礼勿言，非礼勿动。"颜渊说我不聪明，但是我从哪儿做起。从主观修养上，我要非礼勿听、非礼勿视，但是我早晚要率领大家归仁。比如说课堂上讨论"我将来想做个仁者去改善这个世界，要怎么做？"孔子说：你作为一个领导者，你先把自己看好，大家就跟着你走。暗印了儒家"最好的仁者是先修主观的好品德，将来有机会做事儿的时候，率领民众往前走"的观念。也可以说，儒家的仁者针对的问题是政治家缺少的品格，他要造就的是政治家的品格，所以他不跟学生讲仁，他经常跟诸侯去讲。

孔子培养这些学生，学生正年轻长智慧，也要修品德。所以孔子正面谈仁的次数少，有些学生谈仁，他有时不回答。比如司马牛问什么是仁者，孔子说仁者少说话。司马牛听完当然不高兴了，仁者少说话，那哑巴是不是天生的仁者？孔子就说：做起来难，说起来难道不难吗？言外之意是你先别问。

当颜渊问为仁时，孔子提出了仁者的定义，先要把自己的欲望克制住，要有一个修为，然后将来有了机会，率领其他人民行仁道，这是一个政治家的范儿。你将来一旦做了一把手，你一日克己复礼，天下归仁。所以"克己复礼为仁"和"一日克己复礼为仁"之间有个缝儿，这不是在说无权无为的颜渊，是假设你将来一旦走向某种岗位，你才能这样做。

在《颜渊》篇仲弓问仁的时候，孔子说："出门如见大宾，使民如承大祭。"意思是你出门像见大宾，要恭恭敬敬。你役使民众就像办大祭司一样。假如仁就是一个人道德的问题，哪有使民的问题？这实际上也是在讲将来的行政。

所以，我们不嫌直白地说，孔子谈仁是想培养一批将来掌权后用仁道去治理国家的人。因此你必须得从个人品德修养开始。但这种对仁的看法——内圣外王，与今天的政治不一样了。先不谈遥远的未来能不能成为政治家，只说眼前，我们要想做个君子，成就一番事业，就要弘毅，要仁爱，要有智慧，要勇敢。

君子义以为尚

三达德中除了知、仁，还有个勇。

在《论语》当中说“勇”有不少地方，其中就说到“非其鬼而祭之，谄也”，是说鬼神跟你没关系。有不少人到庙里就拜，就是怕自己不拜会被怎么着，这是谄媚。

在《阳货》篇子路说：“君子尚勇乎”，君子崇尚勇敢吗？孔子说：“君子义以为上。”君子的勇敢是坚持正确的方面，所以“君子有勇而无义为乱，小人有勇而无义为盗”。君子是在位者，如果是胆子大，但不坚守礼法，他会导致天下混乱。一般小民如果勇敢不守礼法规矩那该成贼了。所以真正的勇敢要贴着道理走，不讲道理的勇敢，大人物给天下带来混乱，小人物给天下带来麻烦。所以《泰伯》篇又讲到“勇而无礼则乱”，又说“好勇疾贫，乱也”。一个人胆子大、勇敢，又怕自己穷，这种人他不偷不抢才怪呢。“人而不仁，疾之已甚，乱也。”你痛恨讨厌一个人，你做得过分会带来麻烦，这是个智慧。对所谓的坏人或者说脾气不好、有些毛病的人，你也不能过分，过分地逼他到墙角就该反扑了。后来的很多儒生做事往往不知道这个火候，把事情弄乱了。明朝的东林党谈“风声雨声读书声”“家事国事天下事”，但是东林党人的毛病就是“人而不仁，疾之已甚，乱也。”他们在崇祯初期得了权以后，受其他大臣排挤，有矛盾。东林党总觉得自己是正义的，崇祯年间应该是好好地把各种事拢一拢，挽救大明朝。

但他们不，总是去抓坏人，把四十多年跟各党的恩恩怨怨全提了出来，要说个是非清楚，把一些人就逼向了墙角。这些坏人的办法总比好人多，因为他什么招都可以使。结果被东林党驱赶到无路可走的这批党人就找到魏忠贤，簇拥在魏忠贤的旗帜下，扑杀东林党，明朝兴国的最后一次机会就消失了。

孔子对阳虎就不会那么偏激地激他。什么是真正的勇敢？不能动气性，这是《论语》中关于勇敢很有价值的说法。

知、仁、勇三达德统一起来，可以说就构成了一个合格的人，就符合儒者的标准。所以《孟子·公孙丑》篇里就谈到了大勇问题，《公孙丑》篇说："昔者曾子谓子襄曰：'子好勇乎？吾尝闻大勇于夫子矣：自反而不缩，虽褐宽博，吾不惴焉；自反而缩，虽千万人，吾往矣。'"据说孔子大勇，曾子跟孔子学过，他对儿子子襄就说：你不是好勇吗？我从我的老师孔夫子那里听说过什么是真正的大勇。反思我自己，如果我并没站在理上，就算对方是一个很弱势的小老百姓，我也不让他产生恐惧，我不欺负人家。反观我自己，如果我是正确的，就算对方有千万人，我也可以冲过去。

这就是儒者的三达德，还是以道义为上，这是一个仁者应该有的智慧。应该有仁爱的负责之心，应该有相应的勇敢去支撑，才可以大写一个"仁"字。

第十七讲

贫而无谄，富而无骄

子贡问：“贫而无谄，富而无骄，何如？”子曰：“可也；未若贫而乐，富而好礼者也。”

子贡曰：“《诗》云：‘如切如磋，如琢如磨’，其斯之谓与？”子曰：“赐也，始可与言《诗》已矣，告诸往而知来者。”

——《论语·学而》

儒家人生规则

这段话子贡是在问：人应该以何等姿态对待生活？

“贫”在这儿有穷困的意思。“穷”和“困”在古汉语里边是有分别的。“穷”不是今天这个穷的意思，是处境艰难。穷是这句话的缝儿，苍穹是最极端的那个缝儿，牛角尖的意思，当我们处在牛角尖就穷了，无路可走了。“贫”是经济上穷，就是今天这个穷。“困”还是指处境被困住了，当然不强调走到绝境的意思。“谄”就是谄媚。人穷志短，缺少条件，就事事求人，难免谄媚。“骄”就是傲慢。“富”不是指年岁大、年富力强，是指经济上富裕。子贡所说的是：人穷了不谄媚，富了不傲慢，如何？

孔子回答说：“可也；未若贫而乐。”经济上穷，但注意别被那个穷打倒，还要保持精神的自我圆满、乐观。富了不但不傲慢，人家来求我办事，我注意好礼仪，按照礼法行事。穷了不失欢乐，不失人格。人有时候穷点不要紧，别把人格弄得很萎靡，这个要紧。虽然是物质决定精神，但在精神上也应该尽量保持一种乐观，一种圆满。

虽然是物质决定精神，但在精神上也应该尽量保持一种乐观，一种圆满。

今天中国经济、社会发展，大家都有点财富了，应注意别那么得瑟、瞎抖，富而好礼，按礼法行事。孔夫子是不是一味仇富？不是。儒家既不轻视贫贱也不仇富，儒家强调不论你贫和富，都应该遵循着一般的人生规则，这是儒家对穷富的看法。

子贡本来是讲这个道理，孔子提出了一个更高的要求，所以子贡就来了一句：噢，我想到了《诗经》的一句话“如切如磋，如琢如磨”，我们要不断地严格要求自己。他问了个低调的东西，老师给了他一个高调的回答，他就领悟到人生要向高标准看齐，必须不断地切磋、琢磨、上进。孔子听完后特别高兴，说：端木赐啊端木赐，可以跟你谈诗了，因为告诉你过去的你能推出未来的，你的思维能发生联想，迸发出新的灵感，跟你谈诗，我觉得不亏。

贫而乐道，富而好礼

“谄”这个字本来是谄媚的意思。在皇侃的《论语义疏》里引了一个南北朝人范宁的话作为补充：“不以正道求人为谄也。”穷了求人可以，不以正道求就坏了。朱子的《四书集注》倒没有这么绕弯子，讲“谄，卑屈也”，人穷志短了。“骄，矜肆也”，就是因为自己变成别人的恩主以后矜持自夸、傲慢。

对这段话，朱子有这样的解释，《集传》里说：“常人溺于贫富之中，而不知所以自守，故必有二者之病。”一个人除了贫富之外，还有物质之外的更高标准，不知道守身的话一定有两种偏失。穷了就谄媚，富了就骄傲，“无谄无骄，则知自守矣”。处穷也不要忘了自己是个人，忘了自己的尊严。处富也不要忘了自己是个人，因为你富就变得傲慢，歧视别人，这就是不知自守。

“无谄无骄，则知自守矣，而能超乎贫贱之外也。”是说人的精神，你是富人不要紧，但是你应该有更高的格调，才能不让那个富把你打倒。什么叫让富把你打倒了？因为自己富就开始炫富，就开始在穷人面前耀武扬威地显摆，这就是被富打倒了，人格萎靡了，就是土包子的富，土包子开花。

“凡曰可者，仅可而有所未尽之辞也。”朱熹这样解释这个“可”。当子贡问的时候不是说“贫而无谄，富而无骄”，孔子说够标准，可以了。但这不是最高标准，是未尽之词也。接着朱熹又说：“乐则心广体胖而忘其贫，好礼则安处善，乐循理，亦不自知其富矣。”如果真正有高一点标准的人，就不会整天为了自己的那点钱去骄傲了，也就能够遵循正理做人做事了。这儿提出了一个处富的难题，钱这种东西啊，它的确可以把人打倒，所以我们经常会看到暴富、暴跌、富不过三代的现象。在今天，我们知道家风问题就是一个富裕人家如何维持的问题，中国的这种家族观念一直很重，一时难以改变，所以就有一个如何延续家庭、保持良善家风的问题。当代人处富很困难，我们过去经济不发达，受穷挨饿，现在有了点积累以后，如何处富？如何别养出一个少爷羔子、败家子来败坏你？啃老是个我们今天遇到的大难题。中国过去有过长期维持富裕家族的历史，魏晋南北朝时期王羲之家族，出了好多书法家、文学家。王谢是南北朝大家族，谢氏家族经常出诗人。如果你仔细观察，南北朝时期那批人家风甚严，子弟们在一起不是谈钱，而是谈玄、谈诗、谈学问，礼法甚严。

魏晋南北朝时期，如果你姓李的话，会被问是赵郡李氏还是陇西李氏。因为这都是世家大族，他们两家出了好多子弟是文化人，政治上也有他们的势力。世家不是封的，在中国古代，如果你仅仅是发了财，再富也是寒门。你必须在文化上有一定地位，家庭出过在士大夫阶层对国家有为的人。像琅琊王家可以追溯到王祥，“二十四孝”里的大孝子，再往前追就是间接的了。你这个家庭得有符合圣贤道理的模范人物，才属于世家大族。这些家庭当然很富裕，累积了很多财富，他们有更高的追求。中唐以后世家大族消除了。世家大族维持到唐代的，李白之后有一位李华的家族，李华比韩愈要高一辈，他属于赵郡李氏。李华小时候家法很严，早晨黑咕隆咚就开始起床读书，给长辈请安行礼。古人维持家声，没别的办法，只能严格地教育子弟。所以富而好礼，这不单是我们当世富了好礼，后代也要好礼。

有的时候处富比处穷难，处穷就像我们掉到水里要淹死，靠着本能扑腾扑腾就能往前走。处富有更高的智慧，需要更高的理想来支撑。朱子这段解释让我们联想到这么多，所以在这段文字当中我们看到“贫而乐道”这句话，在司马迁《仲尼弟子列传》中，把它引作了“贫而乐道，富而好礼”。就是你不论穷不论富都应该有一个礼，用礼和道的标准要求自己。有些人吃饱了是君子，吃不饱就变成小人，这就是被肚皮把君子和小人的标准弄混了。所以一时的穷困、富裕，我们都不要忘了那个超乎其之上的道。

赋诗言志和用典

子贡和孔子对谈的时候，引用了《诗》。这两句诗见于《诗经·卫风》，叫《淇奥》，写的是卫国一个君主。原文是：“瞻彼淇奥，绿竹猗猗。有匪君子，如切如磋，如琢如磨。”

“切磋”“琢磨”，今天还在用，只是语音出现了变化。《尔雅·释器》里解释这个诗说“切”是指骨器。我们知道古代用骨头制作一些装饰品。治骨头要切，治象牙要磋，治玉器要琢，治石器要磨。“如切如磋，如琢如磨”讲的是我们做人要雕琢自己、塑造自己，就像治骨器、治牙器、治玉器、治石器那么精雕细琢。《诗经》里讲的是一位斐然成章的君子，站出来以后他的风度是经过了精雕细琢的。但是这儿引用就不再是原意，意思是我们要对自己高要求、严要求，这是对《诗经》的一个化用。

孔子很赞成引用《诗经》，它使这段谈话在孔子看来变得有含义了。孔子赞美子贡能够突然引用一句诗，谈学问、谈人生态度的时候用了典故，这实际上涉及中国文化的一个现象——用典心理，这个用典心理源于中国古代一种赋诗言志的传统。

中国人对诗的喜爱源于《诗经》，因为《诗经》是在贵族参与的各种典礼上歌的唱，后来就变成我们今天听的流行歌曲。比如说我是周杰伦的粉丝，你也是周杰伦的粉丝，我就要考一考你会几首周杰伦的“诗”。我说个上句，你能不能对出下句来，这个心态在春秋时期就表现为所谓的“赋诗言志”。表现为在列国的君主、贵族们交往的时候，甚至谈一些大政的时候，不是有话直说，是引用诗来表达，这就变成贵族之间交往的一个密码。我说《诗经》里的一个句子，你能不能接过去，能不能用相应的意思接过去，接过去了我们是同等人，接不过去我就要怀疑你是哪儿冒出来的，连《诗》都不会。所以孔子为什么赞成他引用“如切如磋，如琢如磨”，这是符合风尚的。也因为子贡善外交，所以对《诗》很熟。

从教学来讲，这是一种发散式、创造性的联想，本来我们谈的是人生道理，突然跟《诗》文雅地产生联系，使这段谈话有情味、趣味。在《论语》当中谈诗有两次，都让孔子表示了赞美，第一次是子贡，还有一次是跟子夏。孔子认为子夏启发了自己，这就更深刻了。可以言诗，“告诸往而知来者”，就有一个联想的跨越，一种思维的跨越，很聪明。

在《论语》当中，学生各有特点，颜渊是“渊默”。就像魏晋南北朝时期说黄叔度的话：“叔度汪汪如千顷之波，澄之不清，挠之不浊，其器深广难测矣。”子路的特点是勇敢，虽然老挨骂。子贡的特点是灵敏、聪明伶俐，子贡提问题时要么反问，要么追根问底，或者就把答案拿出来说——“如有博施于民而能济众”，这是不是仁者呀？孔子回答说：“何事于仁！必也圣乎！尧舜其有病诸！”他给老师一个答案，让老师打对勾来找关于仁者的答案。语言表现人格，在《论语》中绝对不是一次两次。

中国人讲文章用典，到了南北朝发展出骈体文，骈体这种文体是从儒家经典出来的。《大学》讲君子要修身齐家治国平天下的时候也引用了很有趣的几句诗，应该是受《论语》的启发。《大学》也说“瞻彼淇奥，绿竹猗猗。有匪君子，如切如磋，如琢如磨”。还有：“瑟兮僩兮，赫兮咺兮。有匪君子，终不可谖兮。”儒家写文章像个学问僧，引了诗以后开始注释阐发。《大学》解释说：“‘如切如磋’者，道学也。”就是讲如何做学问。这个学问不是讲写文章，是讲如何自修。“‘如琢如磨’者，自修也”，如何拿外在的学问来雕琢自己。“瑟兮僩兮”是战战栗栗的样子。“赫兮咺兮”是一副威仪的样子。“有匪君子”表明最终修成君子。然后还引了一句诗：“于戏，前王不忘。”它的意思是说：这就是“君子贤其贤而亲其亲，小人乐其乐而利其利，此以没世不忘也”。说你修身修到如切如磋、如琢如磨，修得内在有德行，外在有威仪的时候，老百姓看你一眼就忘不了的时候，这个时候就是有品德的君子认为你贤，老百姓认为你这个人很可亲、可爱，能给他带来福祉，所以大家忘不了你。

孔子开了引经据典的头，后来儒生们将它发扬光大。《易经·说卦》里有一段文字“数往者顺，知来者逆”。数往者，就是顺着过去的事情能推出未来，要了解未来必须得逆知、预测，“告诸往而知来者”就是强调这种智慧。

富贵贫贱观

总结《论语》讲“贫而无谄，富而无骄”“未若贫而乐，富而好礼者也”，最终其实是在强调一种儒者应有的神闲气定，一种踏实，一种气概。在《庄子·让王》篇记载了一个儒家的观点：“古之得道者，穷亦乐，通亦乐。所乐非穷通也，道德于此，则穷通为寒暑风雨之序矣。”这句话可以解释儒家在穷通问题上的超越、神闲气定。陷入困境，不失欢乐，通达不失欢乐。我们不是因为穷而乐，不是因为通而乐。是我们有一个更高的道放在这儿，我们乐它。于是这些穷通就变成了过眼云烟，这就是一个基本的心境。

儒者实际上是最难培养的，一个人处顺处逆能够神闲气定、不失故我，能够保持本色，这是最难的。就像子夏跟孔子学道的时候，突然有一天瘦了，孔子说：子夏怎么瘦了？子夏说：这两天内心在打仗。我一回到您这里上学，就觉得这个道特别好；可是我一离开您这儿，就觉得外边的富贵比这儿还好，到底何去何从，我想不通。我就白天想晚上想，这两股势力在拉锯，最后就打仗，我因此吃不下饭就瘦了。

子夏心战而瘦，这是最麻烦的。儒者要求之一是有能够抗拒诱惑的能力，包括孟子的浩然之气都在突出这种本色。当孔子提出来“未若贫而乐，富而好礼”的时候，就是提出抗拒穷通富贵，保持自我的标准。现实生活中我们不做儒者，但我们今天看着这个好，明天看着那个好，看着那个得了势，看着那个发财了，看着那个出名了，我们也经常眼花缭乱。所以穿行在这个世界上，能够笃定一点，神闲气定一点，这需要一点境界。

南宋后期有一个叫辅广的人，是朱熹的学生。他有一个《论语答问》就说：“为贫所胜，则气随以歉，而为卑屈，故多求而谄。”你已经被这贫困打败了，所以到处欠缺，于是为了满足这个欠缺到处卑屈，所以求人就是谄媚的。“为富所胜，则气随以盈”，让富贵把你

一个人处顺处逆能够神闲气定、不失故我，能够本色这是最难的。

打倒了，你就觉得我现在比别人强了，你的气息就是满满的，你就该到处欺凌人了。于是你就开始有恃无恐，该骄傲了。这和朱熹讲的是一样的。

后来到了明代，有一个叫吕坤的人作《呻吟语》，他对“贫而乐，富而好礼”有一个解释。他说：我身原无贫富贵贱得失荣辱字，我只是个我，故富贵贫贱得失荣辱如春风秋月，自去自来，与心全不牵挂，我到底只是个我。这话说得很洒脱，我们每个人生而平等，没富没贵，没贫没贱，我们身上根本没写着字。后来有了富贵贫贱，是因为那些外物，我们应该把它们看得像春风、秋月，像光景一样，不要让它们把心牵着走，你还要做自我，这样的话你就可以处贫、处贱、处富、处贵。“今人惟富贵是贪，其得之也必喜，其失之如何不悲？其得之也为荣，其失之也如何不辱？”今人把富贵看得高于一切，因此得了就荣，失了就辱，“全是靠着假景作真身，外物为分内，此二氏之所笑也，况吾儒乎？”将身外物变成分内，把这富贵当成你的本分事，它本来是生不带来死不带去的，你却当成你分内的事情，这种情形你会被佛教徒耻笑，你也会被道教徒耻笑，何况我们这些真儒生呢。

实际上这儿强调富贵这种事情不是不可以追求，我们也不是仇视经济发展给人们带来的富裕，而是不要做它的奴隶，不要做个守财奴，也不要贫贱了就变得毫无志气。所以孔子说过“久要不忘平生之言”，就是长期处于穷困，没有消磨了意志，还能不忘自己是谁，不忘自己的志向，这是最难的。

中学生在一起总是志向满满，过了多少年以后，变成中年人了，过去的情志一点儿都没有了，被生活磨灭了。鲁迅先生写过这样的人，闰土是被生活穷困逼迫，那是他在控诉社会，不是在谴责闰土。现在经常有一些人，过去理想满满的，在生活中磨来磨去就不知道自己是谁了。走在马路上的中年人面目不清，一肚子欲望，两眼茫茫然望着前方，被生活洪流裹着走，这就坏了。所以一个人强调“志帅气”，跟贫富没有关系。谁都不愿意受穷，孔子也说：“富与贵，是人之所欲也……贫与贱，是人之所恶也。”孔子也认为富贵好，但是人终究有一个超越富贵之上的人格，对一个人来讲，这是很重要的。你是个富人，但是你有情调、受尊重，你才是个富人。你像《新少林五祖》里马大善人似的那种人，只能让人耻笑。所以《呻吟语》说的不是清高，不是与这个世界不和谐，是把有些事情看淡点儿，这样你就能情调好点儿。

课本里的《论语》

第十八讲 子贡问政

子贡问政。子曰：“足食，足兵，民信之矣。”

子贡曰：“必不得已而去，于斯三者何先？”曰：“去兵。”

子贡曰：“必不得已而去，于斯二者何先？”曰：“去食。自古皆有死，民无信不立。”

——《论语·颜渊》

子贡之问

《论语·颜渊》篇“子贡问政”这一章，在“必不得已而去，于斯三者何先？”这一句的标点上曾经有过分歧。“必不得已而去，于斯三者何先？”这一句的读法是稍晚一点逐渐形成的，过去读作“必不得已而去于斯，三者何先？”相应下一句“必不得已而去于斯，二者何先？”的读法也有这样的差异。但是意思变化不大，我们只是交代一下。

另外，过去的古本在“民信之矣”上边还有一个“令”字，有这样一点差异，这个问题也不是很大，大意都没有改变。只是在传本抄写方面有些差异，在句子断句方面有些不同。这种情况实际上在《论语》里不少见，但是总体来说，标点符号多一字少一字都没有妨碍大意的理解。

子贡已经多次说到了，这个人聪明伶俐，不是一个书呆子或守着一肚子学问的学究，他是一个善经济、善货殖的人。“货殖”就是让货物增值，是指做生意，把资产滚大。所以这个人在孔门中很独特，孔子也曾经说过他很善问问题。这一次，子贡问政，就是一个国家作为政治共同体，什么是最重要的？孔子说：“足食，足兵，民信之矣。”所以这个政可以理解为一个政治共同体所必须要的条件，也可以理解成我们要创造一个好的政治环境出来，哪个最重要。

富而教之

孔子说“足食”，就是有充足的粮食，也可以理解为经济上要富足。在《子路》篇里记载孔子周游列国的时候到了卫国，给他驾车的是回国以后做季氏家仆的冉有，他陪同孔子周游列国。《论语·子路》篇里面记载："子适卫，冉有仆。"孔子到达卫国，冉有给他驾车。孔子说："庶矣哉！"到了以后，孔子看卫国人口众多，就说了一句：人好多啊。庶是众多的意思。古代人口众多是经济的一个标志，今天我们讲经济还在讲人口，人口对经济的影响永远很大。古代农耕社会，人口多意味着土地开辟得多，国家税源丰富。古代还有一种税叫人头税，人多，人头税就多。

冉有就问了："既庶矣。又何加焉？"意思是：哎，人口多了我们应该接着怎么做？卫国的都城在今天的河南濮阳一带，孔子周游列国是到了濮阳一带。濮阳在当时黄河的东南岸。濮镇，也就是今天的濮阳。这个地区属于天下的中心，过去殷商故地，西周又经营了这么多年，工商业发达，所以这里可能跟鲁国这种单纯的农耕经济不太一样，所以人口众多。

孔子感叹了一句人多，冉有就提出一种虚拟状况：假如我们来治理的话，应该怎么做。孔子回答说："富之。"人多了就让这些人富足起来。

在儒家的思想当中，不排斥民众求富或者政治应该满足人们物质需求的想法，并不否定充足的生存条件、物质资料。当然也不能说儒家就把所有的治国重点放在这儿，因为下边还有一句话。冉有接着问："既富矣，又何加焉？"那么富了怎么办？孔子说："教之。"这就是那句很出名的话"富而教之"。

中国文化在黄河流域诞生，在春秋时期这里尚且地广人稀。据记载，一直到了孔子时期，今天的开封到商丘之间还有大片的空地荒无人烟。这些土地非常肥沃，所以要有人口，有了人口就不能让这些人受穷，得有相对富足的生活资料。但是光富还不够，儒家最终还要教育，也就是让人人都有文化，人人都有德行。用我们今天的话，也可以说，最高目标是在富了以后要进行文化教育，要进行精神文明建设。

经济富足在我们今天不容易达到，古代也不容易达到。但是儒家并不以求富为政治的终极目标，这是它的一个特点。孔子接着就说了“足食”，经济上要富足。另外，“足兵”，要有充足的武备。“兵”在孔子时代还是指兵器，引申就是国家的武装力量，国家的武备。打仗得有基本的条件，得有刀枪，就像我们今天要有最好的飞机、坦克，还有其他武器。“兵”这个词在秦汉以后逐渐变成了士卒，“兵”本来是武器，后来随着词义的发展，今天说当兵就是指人了。这是典型的汉语古今词义变化的一个例子。所以“足兵”，就是武备要充足。

儒家并不呆，不主张去兵、弭兵、不要武备。儒家甚至在《论语》中还提到了一般的老百姓受训七年就可以“及戎矣”，可以上阵了。他们反对不教，反对没有经过必要的军事训练就让民众走上战场，孔子说这是故意抛弃民众。“以不教民战，是谓弃之。”你带着很多没有受过军事训练的民众去打仗，这等于是故意杀害民众。历史上有这样的事情，像王莽改革越改越乱，持续不下去了，最后就把民众带上战场解决问题。足兵，当然也要包括必要的军事训练。

“民信之矣”，就是要取得民众的信任。所以古本加个“令”字，加个“使”字更好，不会产生歧义。让民众信任你，这就比教化还要难了，这得积德。一个国家，如果老百姓不信任你，总是从各方面挑剔你，那就长久不了。没事情时大家很好，有了事情就太麻烦了。

我们举一个例子，在《左传》里记载：卫国有个君主卫懿公，因为和平太久了，他就喜欢养仙鹤，让仙鹤坐战车招摇过市。结果得罪了国人中有资格参与作战的那批人，他们是受甲士，就是可以穿铠甲为国家打仗的人。后来，北狄突然之间入侵，好仙鹤的卫懿公准备让这些甲士们拿起武器去打仗，结果甲士们说：你让仙鹤坐战车，去让仙鹤打仗吧。敌人来了，好歹攒鸡毛凑掸子一样凑了支军队拉出去打，大家作战不积极，结果惨败，卫懿公最后被北狄抓住杀死了。这就是“民信之矣”。

表面上看，得罪民众好像没什么事，一两件小事得罪民众，民众对你失去遵从的意愿，那你离垮台也就不远了。所以不出事还好，一出事你平时的那个德行都会报复你，这在古代例子不少。在现代，我们看到有些国家不也如此吗？所以要取得民众的信任，平时在政治活动当中不要因为手握大权而侵凌民众，因为我有权力、是主宰者，就要我说什么是什么。民众的信任、遵从是一个国家稳定的必要条件，这里就提出了三个必要条件。

这段话绝对不是要表达国家可以残缺着存在，而是要政治家明白民众对你的信任高于一切。

足食足兵，民信之矣

在北宋时期，朱熹的太老师程子说：“孔门弟子善问，直穷到底，如此章者。”意思是说孔门弟子善问，一下把问题一竿子戳到底，说就像这一章“非子贡不能问，非圣人不能答也”。意思是这样的问题，唯有子贡能问出来，也唯有孔子能回答得如此清晰透彻。所以我们在读《论语》的时候会发现它是一个活泼的著作，它不是一个教科书式的问和答，在问和答当中它有人的气质、性格的东西出现。

子贡说“必不得已”，就是在万般无奈的情况下，我们迫不得已要去掉一样，不能三者俱全了，那么我们先去哪个？这就是要刨根问底了。

孔子说："去兵。"我们可以没有军队，可以没有武备啊。当然，没有武器的时候可以斩木为兵，也可以跟敌人周旋。这个要点还是民众得对这个国家有基本的信念。过去有一个词语叫"背城借一"，是说春秋时期齐国被晋国打败了以后，民众还是向着君主。晋国提的投降条件比较过分，比如说垄亩，以后种地田埂要东西向打，因为晋国在西，齐国在东，晋国的战车走起来方便。你若南北向打垄，晋国战车没法走。另外，晋国还要齐国的国君夫人去做人质。后来齐国就说：那咱们不要谈了，你组织你的力量，我组织我的力量，背城借一。就是我就争取那万分之一的可能性鱼死网破。

还有万分之一的可能这叫背城借一，这就是说民信。没有武备，甚至打败了，有的时候你还可以跟敌人周旋一阵子。

子贡接着又问："必不得已而去，于斯二者何先？"还剩下足食、民信两样，咱们再去一样，去哪个？

孔子说：那好，可以没饭吃。"去食"，可以把吃的去掉。

接着孔子说：你不要再问了，自古人人都要死，这个谁都知道，但是有的时候就是"民无信不立"。一个政治势力缺乏民众的信任，是不能够在这个世界上站立的，尤其到了关键时候。大家都知道要死的时候，反正打仗是死，不打仗也是死，人活百年总是死，这是常态。但有的时候宁愿饿死，也不愿意苟活到最后，得让民众有这样的抉择，你才能够立得住。死是必然的，但是一个政府没有了民众的这种信赖，是站不住脚的，应该让民众感觉到反正早晚都是死，信任政府死得比较悲壮，这种事情是有的。

韩愈的文章里首屈一指的是《张中丞传后叙》，写的是张巡、许远护睢阳城，打到武器、粮食都没有了，最后吃人啊。到了这个地步，大家都知道早晚是死，不如跟着张巡、许远和睢阳城一块共生死。这就是张巡、许远率领他们的手下守一个城池所达到的极致。后来韩愈写道："守一城捍天下。"如果睢阳城被安禄山的部下拔了，他们接着就会奔淮南、长江，把长江流域扰了，唐朝的经济来源就没了。所以韩愈高度赞美张巡、许远这种与战士共生死的精神，这就是这段文字"足食，足兵，民信之矣"的含义。

宁死而不失信于民

今天看来，任何一个国家缺这三样东西都无法长存。缺了兵，缺了食，几天就饿死了。所以这段话绝对不是要表达国家可以残缺着存在，而是要政治家明白民众对你的信任高于一切。没有任何国家只靠民众信任就可以存在下去。但是这种问答是在思想上做实验，是逼问出政治上哪样是最重要的。整个文字是一种修辞方式，不是在讨论政治。所以，读这段文字我们要注意儒家强调的政府必须要取信于民，对民众说了算，让民众跟着你看到希望也是一种信任。这个信不单是说话算数讲诚信，是你的政治要有方向，要让民众看到未来。另外还要让民众感觉到，在你的领导下活得像个人，活得有点儿价值。所以有的时候对死亡看得比较淡，这实际上就是过去说要积德，等到有了事情的时候，老百姓跟你坐一条船。不积德，平时屈辱老百姓，恫喝老百姓，坑害老百姓，没有事你可以耀武扬威，有事就该出乱子了。

在朱熹之前，西汉人孔安国就在《论语集解》里说："死者，古今常道，人皆有之，治邦不可失信。"死，这是个常道，人人都会死，但是依此来衬托邦国不能失信啊。朱熹说："民无食必死，然死者人之所必不免。"就是说没有粮食要饿死，但是死是人所不能免的。"无信则虽生而无以自立，不若死之为安。"不信任、不讲信义，就是活着你也没法自立，一个不讲信用的人，活在这个世界上也是丢人，没有自己的尊严、价值，这叫“无以自立，不若死之为安”。当然，这是宋儒的一个看法。

人活在这个世界上，如果没有尊严，不如死。“故宁死而不失信于民”，所以我们宁死也不要失信于民。“使民亦宁死而不失信于我也”，政治应该做到让老百姓感觉到希望，感觉到尊严，感觉到未来是可靠的，感觉到政府是可信赖的，宁死也要做到这一点，这样你才能换得民众宁愿死也不愿意失去政治领导者。这是在讲一种互换，政治家要用你的真诚换得民众至死不渝的真诚。

君行仁政，斯民亲其上

刚才我们讲张巡、许远的例子，《孟子·梁惠王》还有一个例子。《梁惠王》讲了一个事情：“邹与鲁哄。穆公问曰：‘吾有司死者三十三人，而民莫之死也。诛之，则不可胜诛；不诛，则疾视其长上之死而不救，如之何则可也？’”这是说：邹鲁是近邻，也就是今天从曲阜到孟子的老家邹城，三十公里左右，这两国发生“哄”，意思是乱斗，不是战争。鲁穆公就问孟子这样一件事，他说：在两国边界混斗中我们的官员死了三十三个人，老百姓一个都没死。你说有这样的吗？言外之意百姓抄着手站在岸上看热闹。战国时期的鲁国已经很小了，鲁穆公说：我要依法办这些人吧，又办不过来，不办吧，你看看他们多可气，眼看自己上级死了都见死不救，这怎么可以呢？这是鲁穆公跟孟子发牢骚。“诛”，这个词在古汉语里是杀人的意思，但是它跟一般杀人不一样，它是依法杀人，判了罪再杀人叫“诛”。人人得而诛之，就是人人都可以杀掉他，就等于执法杀人。罪不容诛也是这个意思，就是杀了也抵不了所犯的罪恶，形容罪大恶极，所以“诛”有这个意思。

孟子怎么回答鲁穆公？孟子没有给他想办法杀几个人，他说：

> 凶年饥岁，君之民，老弱转乎沟壑，壮者散而之四方者，几千人矣；而君之仓廪实，府库充，有司莫以告，是上慢而残下也。

孟子讲了另外一个道理，他说：现在你看老百姓啊，官长们死了他们无动于衷，袖手旁观，这个是有原因的。到了有灾荒的凶年，闹饥荒的岁月，你的老百姓老的弱的死于天灾，成了死尸。沟壑里边到处是尸骨，是老的弱的跑不动的。壮的能跑的动不动几千人跑到别的国家去了。可是你的国库是充实的，你的府库各种财富也是充实的。但是你的那帮官员没有一个把老百姓这种苦痛上报，然后由你来批，把这粮食仓库打开救救老百姓，他们从来没有对百姓的死活动过心。老百姓成千死、成千跑的时候，他们也是无动于衷，袖手旁观的，他们也是事不关己，高高挂起的。孟子看到当时政治的这种现状非常糟糕，官员都变得很冷酷，对民众的死亡、灾难无动于衷，为什么会亡国？有一大批官员在那拿工资吃富贵，把自己的生活搞得很好，老百姓的灾情、苦痛爱怎么着怎么着，我往上报我得罪人啊。

孟子说：“是上慢而残下也。”这种官员对自己上级、对君主而言是怠慢、懒惰、不负责任的，对下边而言是残暴的。这样的官员斗死他们三十几个人让老百姓管，有天理吗？当然孟子没有这么说，接着他引了曾子的话说：“戒之戒之！出乎尔者，反乎尔者也。”这就是我们今天成语“出尔反尔”的来历。意思是：戒惕啊，什么事情你自己种了因，必有果来报你。今天你的官员斗死三十几个人，老百姓无动于衷，这就是因为当年每当老百姓受苦受难的时候，他们也无动于衷，这是一报还一报的。“夫民今而后得反之也。君无尤焉。”这是说：老百姓到现在才把你种的果子交还给你，你就不要再责怪了。“君行仁政，斯民亲其上，死其长矣。”这是说：你的政治有点仁道，把老百姓当个人看，这样的话老百姓对你就亲密了，也可以为上级而死了。

中国文化中，孟子这种儒未必能管得了国家，他在管理国家方面未必有多少积极的建议，他可能不像诸葛亮。但是秉持孟子精神的人往往能够在民众苦痛的时候站出来说几句话，战国那个黑暗的时代，很多君主为了夺取最高权力杀人如麻，孟子提出来把人当个人，让民众活下去，是黑暗的时代透进的一点儿光亮。从文学上起码是有价值的，不然看那个时代全是乌漆墨黑，一点光亮都看不到，那个时代就一点儿价值都没有了。

政治最大的精神

我们再来看一个孟子的故事，也是讲民众和君主的关系。

在《孟子·梁惠王下》记载，孟子到滕国去，滕国在今天山东省最南部有滕。过去所谓“薛滕小国”，也是讲民众跟政府这种关系。“滕文公问曰：‘滕，小国也；竭力以事大国，则不得免焉。如之何则可？’”他说我们滕国太小了，南边有强大的楚，北边有强大的齐，我夹在中间早晚被人兼并，我们巴结、侍奉那些大国也不能免于亡国的命运，这怎么办呢？

孟子讲了个故事，他说：西周建国之前若干年，周文王的爷爷太王住在邠，就是今天陕北。当时北狄侵犯他，他给钱给皮币而不得免，给他们犬马宝贝还是被欺负，给他们珠宝还是被欺负。这时候太王就召有学问的老先生们说：嗨，夷狄想要的就是我的土地，你看我给他钱，给他珠宝，给他狗马他都不干，都不放过我，所以怎么办呢？我们知道土地本来是养活民众的，我们如果守着这块土地，跟北狄硬撑，本来是可以养活我们的土地反而变成了我们的害处。“二三子何患乎无君？”你们这些老先生们不要怕丢了君主，哪儿不能找到领导者啊，我们这老百姓到哪都能找到被领导者，算了，你们走吧。我也走了，咱们散了吧，我不再领导你们了。然后太王就离开了邠，跨越了梁山，迁徙到今天的宝鸡岐山这一带。结果邠地人就说“仁人也，不可失也”。这是个仁人君子，他放我们一条生路，这是个把别人命当命的人。“从之者如市”，跟着他走的人就像市场上的人一样多。

历史是否真的如此我们不知道，但是西周的确迁徙过，就是从今天的陕北跨越梁山来到今天的渭水河畔、岐山之南这片肥沃的土地，周家由此强大了。孟子告诉滕文公：国家再小，也要对民众好，民众最后要报答你的。

> 最好的政治力量不是胁迫民众，是顺从民意，跟民众达成谅解，达成亲密无间。这些东西需要主观的努力，也需要客观的建设。

回到刚才子贡问政：政治最大的精神是什么？“足食，足兵，民信之矣。”子贡反问出一个道理：最好的政治力量不是胁迫民众，是顺从民意，跟民众达成谅解，亲密无间。这些东西需要主观的努力，也需要客观的建设。孔子实际上提出了一个非常高的政治标准，而且也是非常实在的标准。国家要稳定，有发达的经济，有健全的武备，还要有上下一致，万众同心的凝聚力。

二战时期，德国那么强大，跟它相比英国那么弱小，但是英国没有怕它。在欧洲大部分地区沦陷以后，用黄油大炮组织起来的强大力量，终究在道义上失了分。所以有的时候，这是一个非常抽象又非常具体的原则，为什么孔子要强调国家可以不要兵、不要粮食，难道是挨着饿讲信任？不是那个意思，而是强调信任，民众在你的政治下生活要感到有希望，就可以跟着你走，可以走向光明境地，要有这样的基本信念，这个政治才是好政治。

这整段文字是在一种绝对的假设语境下谈论，强调的就是政治最重要的是什么，要专心专意做好的是什么，最困难的是什么。

第十九讲 不怨天，不尤人

子曰：“莫我知也夫！”子贡曰：“何为其莫知子也？”子曰：“不怨天，不尤人，下学而上达。知我者其天乎！”

——《论语·宪问》

孔子的落寞

这一段文字表达了孔子的一种落寞情绪。“莫我知也夫”就是没有人知道我。这个“夫”是个语气词。

子贡问：为什么说没人知道您呢？孔子说：“不怨天，不尤人。”就是不怨恨天，不埋怨人。

成语“怨天尤人”就从这儿来。尤，就是埋怨、归咎，拉客观理由。俗话说“手不溜专怨破袄袖”，自己不行找别的理由这是“尤”。天，是不知道他人到底是谁，天是不可知的力量，像一种命运似的力量。这句话意思是：我从来不把自己的失败归咎于命运，这叫“不怨天，不尤人”。也可以说我们是靠自己，不能够仗着别人。

孔子像

“下学而上达”是从最基础的、最普通的人间知识学起，慢慢学，慢慢累积、向上迈进，达到别人没有的境界。我自己下了多少功夫，这个事情没人知道，知道我的只有老天吗？这是一种疑问的意思。

西狩见麟事件

在《史记·孔子世家》里把这段话和“获麟”事件结合起来了。

获麟事件是个很重要的典故。在中国历史语言当中，说到获麟或者叫西狩获麟，大家都知道是什么事。按照《史记》讲，这个事情发生在“鲁哀公十四年春，狩大野。叔孙氏之车子锄商获兽，以为不详。仲尼视之，曰：‘麟也。’取之。曰：‘河不出图，洛不出书，吾已矣夫！’”

这是说距孔子去世很近这一年的春天，鲁国人到大野去打猎。大野大约在鲁国都城往西的平原上。结果为叔孙氏（鲁国有三大贵族，季孙氏、孟孙氏、叔孙氏）驾车的一位叫锄商的人逮着一只兽，长得奇奇怪怪，大家都不认识。兽的尸体拉回来让孔子看，孔子说：这就是所谓的“麟”。

在中国的老观念当中，麟是吉祥如意的象征，也是生男孩的象征。所以过去京剧里有一出《锁麟囊》，玉麒麟就表示多生男孩。在儒家文献里面经常讲“麒麟在郊”“在郊薮有”这样的话，就是麒麟来到了你的郊区，来到了薮泽里。孔子看到麟这件事情，《史记》之前就有人记载，像《公羊传》《谷梁传》《左传》都有记录。“麟”到底是什么？过去的学者猜应该是打到了一个过去不常见或者很少有人认识的一种野兽，这种野兽可能随着气候的变迁，迁徙到了遥远的东方。这到底怎么回事，反正我们也不清楚，我看到有些学者说那个麟就是长颈鹿。

孔子看到了麟以后说："河不出图，洛不出书。"还有一句话跟这句相似，叫"凤凰不至"，没有凤凰来。这个河应该是黄河，不出图了，洛是一条水，不出书了，这是一种象征。孔子认为我等不到了，我要完了。在《论语》中有这样的话："凤鸟不至，河不出图，吾已矣夫！"

实际上关于"凤凰至，河出图"这个事情，我们可以做一些唯物的解释。汉代人说这是孔子得天命的一种象征，出了意味着孔子有机会改造这个世界，不出意味着孔子这一辈子只空有其德，空有其学问，不得志，所以把它视为一种天意。但是这种话在《论语》中我们见过，《论语》记录孔子的话没有汉代那么玄、那么吹嘘。那么"凤鸟不至，河不出图"到底指什么呢？

首先说"凤鸟不至"，这跟"麟"相似。按照古代的传说，在周家要崛起的时候，周文王的爷爷把周这个族群从今天的陕北邠县一带越过梁山带到了今天的宝鸡以南那片肥沃的土地上，在这落地生根迅速强大。而这个平原北靠岐山，有些学者说是山上有个两岔的山峰岐出，所以叫"岐山"。据说当时大群的凤凰来到岐山，凤凰在中国古人的观念中是吉祥如意，是火之精，代表太阳。凤凰跟太阳有关，是太阳崇拜的一种变化形式。发展到周代，人们都相信它代表吉祥如意，是周家要崛起的天意象征。我们后来看凤凰的花纹都画得很奇怪，像饲养的鸡又像野鸡，还像天上飞的那些长尾巴鸟。后来西周青铜器上画了很多的长尾巴大冠鸟，学者们大致认为这可能就是当年的凤凰的形状。有一个器物上画的凤凰的毛色就跟孔雀的花翎花纹是一样的。这使我们相信，实际上周人看到的那个凤凰就是孔雀，这跟气候变化有关系。古人认为出现这种情形就是大祥瑞，实际上是随着气候的变化，岐山上来了不常见的孔雀，大家以为凤凰来了。有一位学者叫刘亮，专门写了一篇在周原甲骨文上记载凤凰的记录，在岐山附近很多地方都跟凤凰有关，实际上就是迁徙来的孔雀。

出图、出书，也是可以解释的。中国自远古以来有一种祭祀山川的活动，要在玉器上写上文字画上图案沉到河里。一直到春秋战国还有这样的事，杀白马，把玉器沉河底。在凌家滩遗址上发现过一块玉板，上面画了很多神秘的符识。假如将这种东西沉到水里，将来河水变化，有波浪把它冲出来，这个事是可以理解的。也就是说河洛出图不像我们后来想象的有那么神秘的天道，它应该是古代宗教祭祀的一种献祭物，后来随着河道、水流量的变化，被波浪冲出来了。今天我们这么解释，但是古人认为这是大吉，甚至孔子都相信。《史记》中“河不出图，洛不出书，吾已矣夫”这是孔子的话，在《论语》中也有类似的话。古人对这个事情有一种迷信的看法，因为大家觉得不可思议，包括孔夫子也难免，这是对这件事做的唯物的解释。

《史记》还记载了一个事情，麟被打死后，孔子说“我完了”。按照史籍的记载，这个麟是应着孔子来的，当然这是汉代人理解。

颜渊死后，孔子说：“天丧予！”是老天爷要我的命，“及西狩见麟，曰：‘吾道穷矣！’喟然叹曰：‘莫知我夫！’”喟然叹就是深深地叹息，他说再没有人了解我了。“子贡曰：‘何为莫知子？’子曰：‘不怨天，不尤人，下学而上达，知我者其天乎！’”言外之意是知道我的那个天现在让麟下来，而麟又被打死了，这就是说老天爷要绝我。

这个事情司马迁这样写。司马迁是汉代人，一定是遵循了前代儒家学者的说法，让我们觉得多少有点可疑。《史记》提供的这段话把获麟和孔子彻底失望联系起来，孔子认为老天爷要抛弃他，唐以前的学者都这么讲。

刘向在《说苑·至公》篇说，孔子忙了一辈子，周游列国寻找自己的政治机会，但是最后都不行，晚年退而修《春秋》，“采毫毛之善，贬纤介之恶，人事浃，王道备，精和圣制，上通于天而麟至，此天之知夫子也。”也就是说，因为孔子作《春秋》哪怕有一丝一毫的善都要保存下来，哪怕有像纤维似的那种小恶也要贬斥，这样他对人事的论述是周全的，王道也就具备了，是应和上天的制度。于是老天就派麟下来了，结果麻烦的是麟被人打死了，所以孔子绝望，也是讲了一个天意似的东西。司马迁、刘向这种说法的背后有一个观念，我们读《论语》不妨多知道一点。西汉的儒学家，都相信孔子的出生是应了天意来的。孔子出生是上天派一个有王道德行的人先出生在春秋，通过作《春秋》整理“五经”，为后来的汉家立法，所以孔子有点杰斐逊对美国的意义，但是杰斐逊生在美国，孔子是生在春秋准备为汉家立法。这是特别迷信的一个观点，我们提倡儒学千万要摒弃这种所谓的迷信，因为这种东西会带来很糟糕的一个结果。

孔子就是一个凡人，他神圣，他有高于我们常人的地方，是他自己从我们这种俗人的能力中练出来的。人人都可以成为圣贤，他也是人，成了圣贤，我们可以说他是在文化上有特殊贡献的人，但是他不是神。《史记》和刘向的话背后是今文家迷信孔子是老天爷派下来的，所以一个莫名其妙的野兽麟死了，孔子就悲哀。这个事情我们不宜夸大。

孔子在《论语》中有没有这种启发后世汉代人迷信的东西呢？是有的。所以我们了解孔子这个人，也应该了解他当时的一些局限。

我们反复讲“凤鸟不至，河图不出，吾已矣夫”的意思，《论语》中还有另外一段，见于《论语·八佾》篇：“仪封人请见，曰：‘君子之至于斯也，吾未尝不得见也。’从者见之。出曰：‘二三子何患于丧乎？天下之无道也久矣，天将以夫子为木铎。’”这段话多少有一点儿神秘含义。仪，是个地名，离今天开封不远。封人，是管边界的官员，他想见见孔子。请见，就是允许被见，他说只要有君子之德的人，到了我们这块儿，我从来都要见一见。于是孔子的学生请他见了。出来以后他跟这些学生说：诸位同学你们不要怕丧失什么，比如周游列国丧失了母邦，不要担心。天下无道已经很久了，老天爷要派一个人来给大家引导方向。木铎，是把木头掏空以后里边放个铃铛，就等于敲梆子，现在很少见了，过去在农村，打酱油的来了以后会敲梆子，这里的木铎就是传道的象征。老天爷让夫子下来警醒万民，这段话可以把它平实地理解为打比喻，孔子将为人类指出方向来，也可以理解成有点儿神秘含义，孔子可是奉了上天的旨意下来的。

在《论语》中，孔子畏天命、畏大人。要说他彻底是个无神论者，似乎也不合适，所以这里我们说这段话也涉及《史记》明明白白记录了他和西狩获麟这个传说有关，是在这样一种绝望情形下说的。这背后包含的是古人，尤其是西汉人对孔子有一种不切实际的设想或者神话，说他是被上天派下来的。那么我们追究这种神秘说法的起源，在《论语》中是有些干系的。《论语》实际上也相信"凤凰至，河出图"是吉祥如意，是自己要有所作为的一个标志。包括《八佾》篇"仪封人请见"也能找到一些根源。所以这个也不能全怨后来的儒生，孔子曾经被神话为能预知未来，为汉家预定了法律，他们认为那个法律当时春秋人执行不了，只有我们大汉帝国可以执行，结果就根据这种思路去实践，带来的结果也不甚美妙，或者说很糟糕。

天命有穷有通

这段文字对我们的启发是什么？

首先孔子感慨没人了解我，这个没办法。因为他在当时太特殊了，他身上有很多东西是一般人难以达到的，所以有落寞之感。武侠小说中不是有人叫独孤求败吗？一个人老是赢，在世界上老是找不到对手，就很落寞。在学问当中，修道当中，可能孔子也有这种落寞感。

子贡问：您为什么说没人知道您呢？孔子说：我这个人不怨天、不尤人。我不指望那种所谓命运，我也不怨恨它。我们踏踏实实做人，不用指望任何的神意。突然哪一天老天爷开眼让我拾好多美元？不能指望这些。不尤人，也不埋怨别人，这就是君子“反求诸己”。

人的确有命运，命运就是你活到最后知道你是谁了，那就是你的命运。因为世界总有些我们不能掌握的因果关系，我们只在前行中才能掌握它，也就是人只有活到最后，回头一看才知道命运是什么。我们今天不知道明天的事，明天是什么就是我们的命运。所以孔子对这些事存而不论了。不怨天，不尤人，反求诸己。把自己现在能掌握的条件掌握好，这种资历把它利用起来，踏踏实实向前走，要点就在于“下学而上达”。皇侃作《论语义疏》说：下学就是学人事，上达就是达天命。这话说得非常好，当然不能作唯心的理解。下学，我们把作为一个人该掌握的掌握好。慢慢往上参悟，终于知道我是谁，老天爷把我降生下来我吃几碗干饭，有多大能量，我能做成什么、做不到什么，我的长处、短处是什么，这就是天命，就是老天爷给了我们这个人的能量的集合。

“吾十有五而志于学”那段话里我们就讲过，人生是不断地破译自己生命密码的过程。最终知道我是谁，从这个意义上我们是有天命的。那么我们要做好人事上达天命。皇侃又说："我既学人事，人事有否有泰，故不尤人。"我学人事，做人事，人事就有否泰，有顺有不顺，所以我上达天命。"天命有穷有通，故我不怨天也。"我们踏踏实实做人，做人有的时候顺，有的时候不顺。顺的时候命就是通的，不顺的时候命就是穷的，这个也可以不怨天。他这个解释可以通融起来，总之就是，不要因为自己做得不好就整天拉客观原因。

对不怨天、不尤人，他也有一个解释："不得于天而不怨天，不合于人而不尤人。""不得于天"就是老天不帮忙，客观条件不允许，不怨恨。"不合于人"就是人家不理解，也不愿意帮忙，不尤人，不责怪。"但知下学而自然上达"，坚信一点慢慢累积，自然往上进到了境界上。所以儒家不是顿悟派的，不是立地成佛，儒家讲究的是只要功夫到，铁杵磨成针。"此但自信其反己自修，循序渐进耳。"孔子在强调我只相信反求诸己，不断地修身养性，循序渐进。"无以甚异于人而致其知也。"我不是标榜自己跟别人不同的地方。下学而上达，不论笨和聪明，只要你努力到了，就会天道酬勤，这是它的现代启示意义。

下学上达意在言表

我们再仔细体味孔子这段话的语意，"则见其中自有人不及知，而天独知之之妙。"相信这种慢慢的功夫，不懈的努力，每天的长进，别人不知道但是冥冥跟中上天有感应，这不是神秘的东西，是一种独自的内心的感受。

"盖在孔门，惟子贡之智几足以及此，故特语以发之。"大意是说：

在孔门中只有聪明的子贡那点智慧可以到达这个地步，所以特地告诉他。我下学而上达，可能别人不知道，老天爷知道。那种独特的感受，“惜乎其犹有所未达也。”很可惜子贡还得接着再问一问。

朱熹的注释里面经常引“二程”的话，多是小程程颐的。那么程子曰：“不怨天，不尤人，在理当如此。”这理就是应该这样做，我们做人就应该遵循这样的理。又曰：“下学上达，意在言表。”说下学上达的这种基本感受和功夫是难以言传的。又曰：“学者须守下学上达之语，乃学之要。”我们要学习君子之道，我们今天学习数理化、语数外，都是一个下学上达的功夫。“乃学之要”就是学之要点。“盖凡下学人事，便是上达天理”，就是凡是下学人事的，最终要归到这个天理上去，这是小程子的话，小程子处处讲个理儿。“然习而不察，则亦不能以上达矣”，不能以上达矣，习而不察，学这种最现象的东西，你还得体味、联想才能上达。

清代陆陇其写了《松阳讲义》讲“四书”。他也强调说：“学者读这章书，须知圣人只是这下学。”就是从下做起，从基础做起，不要好高骛远。“四书五经”都是我们具体可理解的事情，都属于下学。“若不从下学入手，纵智勇绝世，却是门外汉。”你不从下学入手，整天好高骛远，整天想鬼神的事情，纵然你是绝世的智和勇，你都是门外汉。另外，他说：“然不曾打破得怨尤一关，亦不能下学。”你要想下学，你得把怨恨、埋怨这个关打破了，踏踏实实。实际上是学者为己，这是要点。

陆陇其这句话有一段比较好的意思是要打破“怨”和“尤”这一关。你先别一会儿怨天一会儿尤人，把自己的学习不长进怨到别人身上去；我长进了，你就得夸我，你就得帮我。把这一关参破，参不破你不能踏实学习，此一关最难。然后他举了个屈原的例子说：你看屈原那么大学问，那么好的文采，还怨恨呢。当然，我们今天未必同意他这种观点，所以“为仁由己，而由人乎哉”，引了一段《颜渊》里边的话，为人想学仁道，从自己做起，不能够指望别人。有了这一点就是下学了。

另外，《治家格言》的作者朱柏庐很出名，他有一篇《毋欺录》。他说：“下学而上达，上达即在下学中。”只要在下学就有上达，上达就在下学，所以圣人立教只从下学说。这个下学就是从下面的、基础的学起，层层累积。这是关于学习、做人。道家著作《淮南子·主术训》也谈到了一个跟下学上达很像的说法，它说：“士处卑隐，欲上达，必先反诸己。上达有道，名誉不起，而不能上达矣；取誉有道，不信于友，不能得誉；信于友有道，事亲不说，不信于友；说亲有道，修身不诚，不能事亲矣；诚身有道，心不专一，不能专诚。”所以道家和儒家有些著作是不能够截然分开的，《淮南子·主术训》这段话好像有点似曾相识，这段话实际上见于《中庸》。

《中庸》说：“获乎上有道：不信乎朋友，不获乎上矣；信乎朋友有道：不顺乎亲，不信乎朋友矣；顺乎亲有道：反诸身不诚，不顺乎亲矣；诚身有道：不明乎善，不诚乎身矣。诚者，天之道也；诚之者，人之道也。”《淮南子·主书训》实际上在这段话里改了改，就说：一个人要下学而上达，一定要从自己做起，最终从诚心诚意做个人做起。它是反推的，有点像《大学》篇的逻辑。《大学》篇也是你要想治天下就先治国，想治国就先齐家，想齐家就先修身，要修身就得正心诚意。

《大学》篇所讲的格局很大，我们经常在其他文段里找到它的痕迹。《淮南子》这个意思就是说：你如果是一个身份很卑微的士，你

为人想学仁道，从自己做起，不能够指望别人。

所谓下学上达不外就是从正心诚意开始，管好自己的身心学习，慢慢累积，别人会知道你，机会就多一些。但是你不能指望天命，也不能急于求成。

要想上达上进，就要先求诸己。“求诸己”先要有一个名声，有了名声别人才知道你。有好名声要从真正的朋友开始，而在交朋友前，先把爸妈伺候好，这就叫侍亲。而侍亲之前要先修身，其实说白了，就是你要想有好名声，就要从自身做起，待人诚心诚意，修身修心，侍候好爸妈，真心对待朋友，自然就有了好名声。这是在反推，实际我们都可以理解为对下学上达的一种疏解。所谓下学上达不外就是从正心诚意开始，管好自己的身心学习，慢慢累积，别人会知道你，机会就多一些。但是你不能指望天命，也不能急于求成。今天我学会算一道题就要一个喝彩，明天学会一道题就要一个奖励，这种学习是学不好的。

【第二十讲】何如斯可谓之士

子贡问曰:“何如斯可谓之士矣?”子曰:“行己有耻,使于四方,不辱君命,可谓士矣。”

曰:“敢问其次。”曰:“宗族称孝焉,乡党称弟焉。”

曰:“敢问其次。”曰:“言必信,行必果,硁硁然小人哉!抑亦可以为次矣。”

曰:“今之从政者何如?”子曰:“噫!斗筲之人,何足算也?”

——《论语·子路》

春秋时代的士

“何如斯可谓之士矣？”这一章见于《子路》篇。原文是一段师生谈话，谈到士的标准。士分了三等，但最差的士也比当今的当政者强，这是孔门中说话别人不爱听、犯忌讳的地方。但是在《论语》中，我们就看到孔子敢说话。

子贡问曰：“何如斯可谓之士矣？”就是什么样的人就可以称为士了。这里涉及一个“士”的概念，这个概念也和“君子”“小人”一样，曾经经过转化。最初的“士”，本意就是能做事、能担事，最低等级的贵族。士也分上士、中士、下士，贵族代表地位，孔夫子的父亲就是在战争中打仗立功，获得一个士的贵族身份，可以管理一个邑，相当于今天一个县，如果再往上升是大夫，这是一种含义。

在《诗经》里面有一首诗专门写士的牢骚，就是《诗经·小雅·北山》篇：“陟彼北山，言采其杞。偕偕士子，朝夕从事。”这是一种比兴手法，说士子们从早到晚都在做事情。接着又说大夫不均，我从事独贤。大夫就是指比士高一级的贵族，他们办事不公平，把所有压力都放到我们这些士身上，弄的我们十分劳苦。这个士就是指有初级贵族爵位的士。

文献中还有一种说法，天下没有生来就贵的人，你就算将来做周天子也得从士干起。周王的孩子生下来以后，最基本的身份是士，不能生下来就是大夫。在青铜器里有一些铭文，似乎可以证明这一点。比如，有一个人叫夨，像那个矢志不渝的“矢”，但是缺一点。有人说他就是后来的晋侯。器物上写着他做士，似乎是能这样证明的。但是我们知道士本身是贵族里最年轻、最低的爵位，也就是从一开始起家的爵位，这就是早期的士。

到了春秋时期，士发生变化了，开始变成那个时候的读书人、有道义者，不再讲身份了。这个变化就是从孔子教学那个时候开始的，孔子把一批包括野人在内的草根阶层进行培养，让他们去从政，这是我们今天看到的比较早的私学。而孔子一辈子不得志，靠山山倒，靠河河干，少年没了父亲，中年离了婚，晚来丧子、丧学生，周游七十二个列国没人搭理他。但是他晚年的时候，他的好几个学生都从政了，像子贡是外交家，子夏为莒父宰，闵子骞为费宰。这批人出现在政治舞台上，就被叫作士。可是他们又不是周贵族，所以士就变成了知识分子的一种称呼，孔子也特别强调士志于道。

到了孟子，又强调“士尚志”。士要有志于道，那么回到这个文字，“何如斯可谓士矣？”这已经不是在说作为低级贵族的士了，而是讲志向意义上的士。士志于道，实际上就有点脱离原来的身份了。我们也不好一口咬定他就不是在讲身份，实际上从政的最基本的标准就是你做个士。孔子培养的学生，一开始也是做最基本的政治。

士的标准

子贡问：一个士的标准是什么？孔子说：“行己有耻。”

行己有耻，就是立身处世要懂得耻辱，就是能够有操守。钱穆先生写《近三百年中国学术史》，谈到了顾炎武。顾炎武和黄宗羲不一样，黄宗羲是个哲学家、思想家，而顾炎武是个学术家、考据家。顾炎武这一辈子让人叫得响的地方就是大家觉得他给士风，就是四个字“行己有耻”。当年明朝灭亡了，士大夫都标榜我们是明朝的大臣，但是等到康熙皇帝一开博学宏词科，于是“一队夷齐下首阳”。一众“伯夷”“叔齐”都从首阳山下跑来参加科举。只有顾炎武他们这些人不来，他在给士风树立一种知耻的感觉，叫“行己有耻。”人要有鲜明的人格底线，要有操守，这就是行己有耻。人的这种操守的高低，和耻辱线的高低是成正比的，一个人的耻辱线高，他往往操守也就高，一个人耻辱线很低，往往操守也就不高了。我们举个例子可以知道什么叫耻辱线，比如夏天天再热，男的可以把上衣脱了，把长裤子也脱了，但是中间那层布不能脱，谁在管这个事？耻辱线在管。

在城市里过去提倡不要光膀子出来，现在穿个小背心，这都是耻辱线提高的表现。但是也有一些人穿个拖鞋、光个大膀子就出来了，这些都是不文雅的表现。这种情形倒不是说有多坏，它就是一种羞耻线在起作用。一个社会的安全，当然要有警察维持秩序，但是真正的社会安全，来自每个人的耻辱线都高，这就是所谓人人自爱。再多的警察、侦探，照样有盗窃案。历史上说李世民贞观年间“路不拾遗，夜不闭户”。“夜不闭户”就是安全感高，而“路不拾遗”就是耻辱线高，这个东西不是我的，我坚决不要。那么古代有这么个说法，能不能做到，大家可能有各自不同的看法，但是人的耻辱线越高，这个社会安全系数也就越高，这是必然的。

所以为什么孔子提倡用政令引导大家，因为如果用刑罚整齐大家，大家会千方百计地钻刑罚的空子，为免于惩罚，变得无耻。如果你用礼法和风俗整齐大家、引导大家，大家都有耻辱感，耻辱感高了，这个社会和谐了，吸引力又强，所以远方的人就来。所以说，一个国家的文明程度，不是用钱来衡量的，社会文明、和谐，暴力事件少，人尊重人，它落实于每一个人的人格上，成为一种风尚。作为强势者，一定要尊重你的交往对象的人格，不要把对方的人格线给降低了。像一些孩子小偷小摸，一开始有点毛病，“啪”一个嘴巴上去，你把他耻辱线打破了，有的时候一个小偷可能初犯，一个嘴巴或者说一些难听话，一顿监狱关完了，可能把他变成社会的永久敌人。所以这里面有很多事情“行己有耻”，有人格底线。孔子说作为一个士，首先人格要有操守，不论是贵族的士，还是读书人变成的士，都要用士这个标准去衡量你。

另外，士要有能力，这种能力是使于四方，不辱君命。作为一个士，你从政了，有了官身了，让你到四方诸侯去完成点事，你不辱君命。什么叫“不辱君命”？你把这个君命办好了，别给你的君主带来耻辱，不要让别人说“怎么派这么个浑小子来呀！国家没人了？”这就是士要有的基本能力，所以第一个层面是有人格、有基本能力的人。这个基本能力主要表现在他能够把国家派的事情办得妥帖，这里有一个基本的办事原则，同时，灵活性也掌握了，这就是孔子认为合格的、从政的士。

次等的士

子贡又问：比这低点的士的标准是什么？“敢问其次”的这个“敢”字实际上有个修辞，表示谦虚——我斗胆问，我打扰您了，它的预设就是我向您问问题，实际上是在叨扰、打搅您，我必须斗着胆子。这个“敢”字，是一个古代汉语里经常出现的修辞方式，实际上就是请问的意思，请您允许我问。

孔子说：再差点的士也是“宗族称孝，乡党称弟”。我们可以把这句话还原为：宗族里的人称他孝和悌，乡里的人称他孝和悌。这个在汉语当中是一种独特的修辞叫互文。前边说个孝，后面说个悌，实际上一还原就是孝悌。就是在宗族和乡党都称孝悌，也就是在自己的宗族之间，能够尊老，能够敬长，这叫孝和悌。在乡亲们之间，能够把在家里对待父母兄弟的伦常推而广之对待自己的乡党，自己生活的群体、社区。我们每一个人都是社会动物，我们从自己家里出来，进入社区，就拿在家庭中对待自己父母兄长的这种态度去对待一般人，这就可以了。也就是说你作为一个社会人，不是害群之马，不是个刺儿头，不没老没少就可以。

所以子贡的有趣之处就是非要逼出那个再差点的士的基本标准，他问："敢问其次。"孔子回答说："言必信，行必果，硁硁然小人哉！抑亦可以为次矣。"最差的士，说话算数讲信誉，行动必有结果，有始有终，有点意志力。"言必信，行必果"，这个"果"就是要有成果。"硁硁然"就是硬邦邦、固执拘谨的样子。朱熹解释说指硬邦邦的小石头，这种也算是士，讲信用，做事有始有终，也可以做士了。

"言必信，行必果"也是有麻烦的，孔子当然承认这亦是低标准，但是"言必信，行必果"也有操守问题。像在《论语·学而》篇里说过一句这样的话："信近于义，言可复也；恭近于礼，远耻辱也。"言必信，这个信字，在儒家特别强调要信，如果信上边没有一个控制，只是说话算数讲诚信，是会出问题的，所以在《论语》里就谈到了信要讲义。我答应别人的事情，我约好的事情，我不一定去做，为什么？因为它可能是错的。说咱们哥儿几个很好，你是大哥，咱们不求同年同月同日生，但求同年同月同日死，大哥说什么就是什么，这义气就已经沦落为江湖义气了。结果大哥说明天晚上十点以后拿着家伙事儿到银行。注意，这个地方你可以不讲这个信用了，不能大哥说什么就算什么，这叫"信不近义"。

我的诺言可以不去实践它，言必信不一定行必果，正是因为这个，所以孟子在《离娄下》当中说："大人者，言不必信，行不必果，惟义所在。"意思是大人格的人，不是硁硁然小人。说了不一定去，行也不一定非要有个什么结果，要点在它义和不义。如果是不义的事情不一定非得把它做出个结果来，言论不一定非要讲信用。所以诚信是好的，但是《论语》也讲“好信不好学，其蔽也贼”。你讲信用没有变通，没有一个道义的控制，这个信就是瞎信，自己害自己。

孔子的不满

明清以来的学者说子贡问问题，为什么追问来追问去，实际上就要问下边这个话：“今之从政者何如？”今天这些从政的人怎么样啊？是不是够个士的分儿啊？结果孔子来一句：“噫！”这句话有一种强烈的不满。他说：你怎么问他们呢？有点像我们这个俗话说的麻绳拴豆腐——不能提。斗筲之人，筲这个字今天还有，在北方土话里把水桶叫水筲。筲是古代盛饭的竹编容器，像桶。所以这个实际上讲的是他们这些人，那气量就跟一斗一筲似的，小家子气。“何足算也？”这个“算”就是指算算他们的量，“何足算也”就是不足道了，不用算他们的量了，一斗一筲还用算什么。对鲁国也好，其他国家也好，孔子对政治现状非常不满意。这也是孔子为什么想从政，为什么想让他的学生去从政——他想换一批人。

什么是好政治，什么是歹政治，各种各样的标准，各种各样的成因。其中有一个标准我看放之四海而皆准：凡是好的政治，它总能把那些有用的人，那些有贤德的人弄到这个岗位上去；凡是政治糟糕了以后，乌漆墨黑的人全上去了，劣币逐良币。实际上孔子很不幸，他就生活在那样一个贵族将要垮台了的时期。什么叫要垮台了呢？就是执政者原本想好，但总会把相反的，把一些败坏事情的人，七弄八弄，弄到这个位子上去，这就对当时的政治造成了非常糟糕的影响。但是我们今天学这段文字，主要是强调什么？孔子实际上强调了一种士，他的人格，不管是高级的人格，还是低级的人格，都是有所操守，最差的士也得有点操守，也得讲点信用，尽管说话算数可能带来危害，他也比以说话不算数为能事的人要强。

所以作为士，在孔子的心目当中是要高于当时的实际从政者，也可以说孔子忧虑的就是当时真正有士的这种人格和才干的人没有在台上，所以贵族政治要垮台了。这又涉及孔子对从政现状的不满。

说到这儿，我们可以联想到《阳货》篇另外一段话："公山弗扰以费畔，召，子欲往。子路不说，曰：'末之也已，何必公山氏之之也。'子曰：'夫召我者，而岂徒哉？如有用我者，吾其为东周乎？'"费是鲁国最大既得利益者家族季氏的领地，结果被公山氏给占了，公山氏是季氏的家臣，就召孔子来帮忙，孔子居然想去。子路听后不高兴了，说您要是这么去投奔人的话，还要等到公山氏召您吗？您这么没有原则，您早就谁都可以投奔了。孔子说：他召我，岂是白白召我呢？他要真用我的话，我要真干起来，我就未必听公山，公山弗扰了，我可能在那儿给他恢复出个东周来。

这里孔子是长了反骨的。孔子对当时的政治不满，他这一辈子不是想为没落的周贵族去服务，从这儿可以看出来，他想再造一个时代。他重视的是文化，对当时的执政现状不满，他宁愿自己再做一个。当然，一个叛臣召他，最终他也没去，这大概也是在师徒之间展开这么一种议论。老师如果向学生隐瞒，这种念头都不会冒出来，他是跟学生们在探讨有没有这种可能。

另外，在《雍也》篇里孔子还说过一句话："雍也，可以南面。"雍就是仲弓，他可以南面做诸侯，就可以治理天下。在儒家文献里边，王和诸侯都是南面而治。雍的爸爸出身很卑贱，但是孔子说他可以南面做个诸侯治理天下。孔子说过"犁牛之子骍且角，虽欲勿用，山川其舍诸？"这话说在当时就有点无视，觉得周贵族是不行的。

从这句话我们再联想，再看《论语》中“今之从政者何如？”孔子说：“噫！斗筲之人，何足算也？”一斗一筲，一斗是多少呢？五升为一斗，筲是饭筐，几碗饭一筐，就是这么装一捧米的人，量很小，这是对从政者不满。

孔子说这种话和《阳货》篇、《雍也》篇是可以暗自印证的，他不是一定要维护周人统治、压迫民众的反动分子。所以从这儿又可以得出儒家在讥世卿，讥讽世代相传——老子死了儿子接着干，一代传一代、一辈传一辈的世袭制，这是儒家最早提出来对世袭制的不满。所以讥世袭制、讥世卿在《公羊传》里有特别清晰的表达。所以，看这一段讲一个士的要点是要有操守。

对当时从政的那批人，孔子表示了高度的不满。而这个不满背后不是就现实而言，是孔子有这么一套理论，认为平民阶层也可以上来，世袭制是不好的。它有这样一个基本的政治思想，这些东西讲

仲弓像

《论语》时往往被忽视，老是觉得孔子是一个与世无争的人，好像孔子很和谐或死抱着周礼不放。他死抱着周礼不放和死抱着周贵族不放是两回事，他在政治上提出了今天我们赞成的一种突破性的见解，在两千五六百年前他就做到了，这是我们应该尊重的。

第二十一讲 后生可畏

子曰：“后生可畏，焉知来者之不如也！四十、五十而无闻焉，斯亦不足畏也已。”

——《论语·子罕》

儒家之畏

子曰：“后生可畏，焉知来者之不如也！四十、五十而无闻焉，斯亦不足畏也已。”

这段话见于《子罕》篇，讲后生可畏。“后生可畏”这个成语就来自《论语》这一段。

“焉知”，就是怎么知道，“来者之不如也”，就是未来的人不如现在的呢。孔子这个人是一个很开明的人，在我们这个社会中有一个词叫“八零后”，一开始说的时候，颇有点不满意的意思。实际上用年代划分人，这本身就是老辈对晚辈的一种轻视。而孔子没有这个意思。四十、五十，指四十岁、五十岁，这都没问题。“无闻”，就是没名声，这也毫无问题。孔子对名声还是蛮在意的，一个人没有名声，意味着他不努力，他在社会上没有产生影响。所以孔子认为人是可以追求名声的，只是你得追求得合理。

儒家对名是蛮在意的。这个无闻就是没名声，四十、五十岁而没有一点名声，但也没有不好的影响，这种人也没有什么好怕的了。有一种说法这是指孔子自己，说我如果活到四五十岁都没点名声，这也不用怕，因为后生可畏，有后边人起来了。但是这个“畏”字这样解释总觉得有点别扭，所以有人就提出另外一种解释：后生是可畏的，谁又敢说他们未来不如现在呢。话锋一转，不过虽然年轻时候很可怕，势头很好，但是到了四五十岁，还没有一点名声，这种可畏的也就不足畏了。

这样说也是合情合理，所以两种解释可以并存。

无闻

这里涉及一个名声问题。《卫灵公》篇中子曰：“君子疾没世而名不称焉。”君子到死连个名声都没有，会不被人称道。所以儒家对名是在意的。活了一辈子连个名声都没有，肯定是默默无名，芸芸众生里的一个，是人口册子里的一名，是户口里的一个数字，没有形成自己。儒家做人很恐慌，可以说求名之心人皆有之，因为人是个社会动物，人总是需要被别人知道，被别人承认。当然，后来还出现了为了被别人知道、承认，搞点捷径成名的事。儒家虽然讲成名，但儒家反对这个，现代人也反对这个。

道家《庄子》里讲无名，你要是想自由逍遥，必须得把求名声心消失一点，实际上也谈到了人类求名是一种本能。按照现代心理学说，人最基层的需求是满足生存需要，发展到高处以后就有满足名声心的需求了，求名是人的基本欲望之一。所以它有的时候是一种激励机制，出名是一种使人上进的机制。

现代社会进入了一个信息时代。在远古时期，你是贵族出身，可能走到哪儿都畅行无阻，比如琅琊王氏、陈郡谢氏，到哪儿都有人尊重你。到了近现代，向现代转化你要有一项生意，经营一份产业，会打算盘。商业发达时期，你会算计经营，就会走遍天下。发展到我们今天，名声很重要，所以广告就特别流行，网上的点击率就特别重要，所以关于名声产生了好多文化现象。很有意思的是，儒家谈到了这个问题，而且很在意这个问题，承认名声是人的基本欲望，而且跟现实连得很紧。我们现在生活的这个时代，就是一个名声的时代，所以好也出名，歹也出名，一有了名就有点击率。这些东西跟人的基本欲望是一样的，它们是密切相关的。

后生可畏的资质论

还有一种我们比较倾向的讲法，说后生可畏是资质好，但是好资质，也可能到四五十岁，因为没有名声不足畏了。所以好的资质未必有好的成就，这是所谓“苗而不秀，秀而不实”。有好多学生苗子很好，但是不努力，最后也就一般般了。在大学读四年书，一开始写个小作文特漂亮，等到毕业的时候写个小作文还很漂亮，没有知识广阔度、成熟度上的提高，这就是不足畏的表现。所以孔子强调少年人可畏，但是又强调到了相应的年龄必须要有成就，这和前边他讲“吾十有五而志于学，三十而立，四十而不惑，五十而知天命”的那种上进过程是一致的，要有成就，要论资质，这是孔子讲名，讲成就。

孔子对年轻人开放的态度也是值得肯定的。人类学家研究文化，按照不同代人知识之间互相影响的关系模式把人类划分成几个时代，前喻文化时代、并喻文化时代、后喻文化时代。前喻文化时代就是活得久知道的就多，所以经常说“我吃的咸盐比你吃的饭还多”“我走的桥比你走的路还多”“你们才活了几天”，等等，这是前喻文化的一种心态，是老年人瞧不起年轻人。在纯粹的农耕时代，知识积累得慢，活得长知道的多，一直到近代的农村里出现一种现象，人们都问这个老人“您年岁大，您经历过这个吗？”并喻文化时代是知识的发展已经到了老年人和年轻人之间分不出彼此来了，大家了解的情况都差不多，都听广播，都看电视。

还有一个后喻文化时代，今天我们是典型的后喻文化时代。就以手机为例，老年人对这种电子产品的反应能力远远不如年轻人。而且在求知方面，比如说在电子检索这些技术层面，老年人的确玩不过年轻人，而且差得很远。小孩甚至有点无师自通的感觉，这个需要向他们学习，只是在有些东西上永远需要体味，永远需要人生经验的这部分，不是说彻底没有了，这需要阅历。所以上岁数的人还有一点点长处，但是不能居功自傲，应该多向年轻人学习。

关于名声的启示

说到闻名，儒家还有一个“闻达”。

诸葛亮写文章，说：“苟全性命于乱世，不求闻达于诸侯。”这词写得多棒啊，“闻达”两个字实际上就是来自《论语》，见于《颜渊》篇。

颜渊问：“士何如斯可谓达矣？”就是一个士怎么做就可以达了。子曰：“何哉，尔所谓达者？”你说这个达的目标是什么，你跟我说说。子张就说：“在邦必闻，在家必闻。”在邦国里边有名声，在家族也有好名声。孔子说：“是闻也，非达也。”你这说的是有名，不是达。

“夫达也者，质直而好义，察言而观色，虑以下人。”他说达是真正的做事通达，在社会中存身能够畅达，能走得通，不是名声，要正直、正派，不弄虚作假，维护正确的。

但光质直而好义还不行，还要察言而观色。《论语》中讲：“好直不好学，其蔽也绞。”你说实话，不察言观色，不看路数，不看对象，就会伤人。“虑以下人”，就是始终处在谦卑的态度上，始终把自己放到低一点的位置上，这是儒家人生智慧里特别重要的一点。我们为人谦逊一点，路子就宽点，你整天大尾巴狼似的在人面前扑扑棱棱，摆来摆去，谁都不如你，你道路就窄了。

所以《论语》里有些话可以慢慢了解。“虑以下人”“质直而好义”“察言而观色，”孔子是告诉你要想闻达，先把这个人做好，正派、温和，知道点社会经验，知道有些话该说，有些不该说，或者什么时候该说，什么时候不该说，对着谁该说，对着谁不该说，像这种经验性的东西要学习。

“学者”这个词现在都指一些写文章的人，实际上每一个人都应该做学者，始终把自己放在一个学习的位置上，研究做人。你这样做，“在邦必达，在家必达”。如果是为了求名声，“色取仁而行违，居之不疑”。想获得名声你就表面上行仁道吧，你就肯定“在邦必闻，在家必闻”，你也会有名声的，这儿强调了对于一味求名声的排斥。所以这就是关于名声，关于资质，关于对年轻人的态度这一章给我们带来的一些启示。

“学者”这个词现在都指一些写文章的人，实际上每一个人都应该做学者，始终把自己放在一个学习的位置上，研究做人。

第二十二讲 工欲善其事，必先利其器

子贡问为仁。子曰："工欲善其事，必先利其器。居是邦也，事其大夫之贤者，友其士之仁者。"

——《论语·卫灵公》

子贡问为仁

《卫灵公》篇“子贡问为仁”这段话的句式我们不陌生，颜渊也问过仁，孔子说：“克己复礼为仁。”你能克制自己的私欲，恢复到礼法上去，这是做仁者的初步。接着来了一句：“一日克己复礼，天下归仁焉。”

“仁”不单是一个做好人的问题，还有一个要做出一番事业的志向，恩泽一个时代，恩泽一方民众，才叫仁者。

我们曾经质疑过这句话，如果只是对颜渊一个穷小子来讲是不通的。但是如果指颜渊将来一旦走到领导岗位上，从仁做起，那么一日克己复礼，就可以天下归仁。所以“仁”不单是一个做好人的问题，还有一个要做出一番事业的志向，恩泽一个时代，恩泽一方民众，才叫仁者。管仲这个人做人不怎么样，但是他捍卫了中原文明，孔子说没有他，我们就披发左衽了，“如其仁，如其仁。”

那么，子贡问为仁，孔子的回答从总体看，对颜渊的更接近这个仁的本意。他说：“工欲善其事，必先利其器。”这是个比喻句，是一个一般原理句。

“工”，这个词，在先秦时期指百工，就是各种手艺人，甚至包括弹乐器、唱歌的，这叫乐工。在我们中国有一部书叫《考工记》，里面说百工都有一技之长，是圣贤之后。所以这个时期不歧视这些手工业者，真正歧视手工业者是到了后来把他们的独立身份都取消了，整天在官府里做廉价劳动力，这个时期才歧视他们。所以，孔子说：你看工人做事，他们要善其事，一定把器具磨得锋利。

这个“利”字，有的本子写作“厉害”的“厉”，有的本子写作

“磨砺”的“砺”。现在通行本写作“利”，就是锋利的意思，是使器物锋利，这个词意思没有大的区别，只是写法上古本有这样的情形。

你想做好事情，你先把工具做好，磨刀不误砍柴工，“临渊羡鱼，不如退而结网。”你去打鱼，要先把网弄好，临渊徒有羡鱼情嘛。这个句子跟子贡没有什么关系，只是讲一个原理。

百工做事怎么做的呢，他们做事之前先要准备，要把工具准备凑手，这是做事的次第。引起下边对子贡的教育，说：“居是邦也。”这到底指哪个邦？《论语》中有这样的词不是定指，就说我们到了一个邦，要侍奉那些贤者、大夫，有政治身份的那批人要行仁道。对那些贤明者，比我们辈儿大、权力高的人，你要跟他们要搞好关系，要来往，要结交。

友，就是交朋友，就是讲友情。跟谁讲友情呢？跟那些士中讲仁道的人。注意这个士“问为仁”，“事其大夫之贤者，友其士之仁者。”为何要“友其士之仁者”呢？因为仁比贤要高。

因果之仁

《论语》中是“仁”这个词，大家读的时候一定要从语境中注意，“仁远乎哉？我欲仁，斯仁至矣。”这是一种说法，又说“为之难，言之得无讱乎？”仁做起来很难，这不是矛盾的吗？因为这不是在一个层面上讲话，“友其士之仁者”它强调的是那些有仁道志向的年轻人、低级贵族、有仁道志向的人。“管仲如其仁”不是讲到志向了，是讲管仲实际做出来的成绩。

所以用佛教的语言说就是：《论语》中出现“仁”的时候有两个含义：一个是因地上的，一个是果地上的。你做出来了，你是个仁者，接近仁者。还有就是你有这个志向的仁。在“事其大夫之贤者，友其士之仁者”强调的就是要结交那些有行仁道的人、有志向的年轻人和低级贵族。

这其实是讲你要想行仁道，要有人脉，要组织队伍。你不能跟这些人都隔绝，得先把那些有才干、有志向还有仁道精神的士大夫，以及那些相对低级的贵族团结组织起来。我们明白，孔子周游列国到各地去，不外就是去找那些士大夫之贤者、士之仁者，甚至有仁道情怀的君主和人。虽然他失败了，可是他说的要做事，先要有这么一个队伍，这是应该的，不能只有一个人在那儿行仁道。管仲行仁道，也得有齐桓公来给他这个权力，也得有隰朋这些人帮忙。所以这段话讲的是这样一个情况。

“工欲善其事，必先利其器”这个句子造得非常漂亮，五言字是为孔子回答问题之前道理上的一个概说，这些语言都是精品的语言。

为仁之资

程颐说：“子贡为问仁，非问仁也，故孔子告之以为仁之资而已。”我们刚才说过，他跟颜渊问为仁，“克己复礼为仁，一日克己复礼，天下归仁焉。”“非礼勿视，非礼勿听，非礼勿言，非礼勿动。”有差别。程子是朱熹的太老师，他认为子贡问为仁，大概不是问“仁”是什么，而是问怎么为仁，所以孔子告诉他，要先从结交这些志同道合者开始，实际上是为仁的一个方式问题，行仁道的一种条件问题。

这段话涉及仁，问为仁就是行仁道，这个跟颜渊问为仁从语句上是分不清楚的。这个仁是不是程子说的“仁之资”里的仁？不是。但是程子的推测又是对的，从他的回答看，他问的那个仁是为仁的方式。也就是说在《论语》当中，我们必须把各种各样的关于仁的论述掺和到一起，然后互相比对，才能大体分辨出来那个仁到底是讲什么，实际上挺复杂的。仁绝对不是一个层面上的意思，做个好人不一定是仁者，反而有些人做人不怎么样但他是个仁者。虽然“克伐怨欲不行焉”，显得难能可贵，但不是仁者。有个好的主观修养，不一定是仁者。

当然，做人还需要跟别人打交道，这些话就是在《大学》《中庸》里边，尤其在《中庸》里讲“天下九经”的时候讲得多，这属于外王之学。你得跟社会打交道，你得完成你的志向，这属于在外在方面有所表现。子贡问为仁，起码这个回答是一个外在方面的。所以程子说当年问为仁的时候，也是从外边问的，主要是有些语言后来人没记，所以我们不清楚了。无论如何，这段话是非常富于启发性的。

知之为知之

最后还有一句话我们需要补一下，这段话见于《为政》篇：“子曰：‘由！诲女知之乎！知之为知之，不知为不知，是知也。’”这是一种读法。还有一种读法：“由！诲女知之乎！知之为知之，不知为不知，是智也。”

不同读法翻译起来也不同：子路，告诉你，什么叫知，知道的就知道，不知道的就不知道，这才是真正的知，是自知。你得清楚我知道什么，不知道什么。

另外一种翻译前半部分一样：知之为知之，不知为不知，这是真正的智慧，也通。现代学者就有人主张这个是复指，主要指的是前边“知之为知之，不知为不知”这一件事才是真正的知或者智，它是一个复指词。这个词在《论语》中也出现了一些，比如说“德之不修，学之不讲……是吾忧也。”德行不修，学术不讲，这件事情我忧虑着，所以这段我们从字面上讲就是这样一个意思。

这段话具有很高的智慧含量。首先，在学习中知道就知道，不知道就不知道，别糊弄，所以不要自欺，不要欺心。这里边还有一种意思：要摆脱一点世俗。有时候我们想：不知道多丢人，就假装知道吧，这就是自欺又欺人了。可能是孔子跟子路说这个话的时候，子路不知道就在那儿推理，就在那儿开始扯一气，孔子就说你知道就是知道，不知道就是不知道，这才是真正的知。也可能子路问什么叫真正的知，什么叫真正的智，孔子告诉他。但是“由！诲女知之乎！”这个话说得比较不客气，《论语》中一说到（仲）由，孔子老不客气，他们两个关系好像很紧张，实际上不是。学生跟老师说话越不算计，反而表明他们两个之间关系比别人更密切，这是《论语》里有趣的现象。

在学习中知道就知道，不知道就不知道，别糊弄，所以不要自欺，不要欺心。

子路像

我们回到“知之为知之，不知为不知”，我知道就是知道，不知道就是不知道，不自欺也不欺人，这是世俗层面。实际上还有更高一层面，就是在知识论上，我们要知道自己的限制，这是一种理性精神。前面我们讲的是不世俗精神，后面还应该强调理性精神。

庄子有这样的话：“六合之外，圣人存而不论。”天地之外的事情我们只能存着，我们不能说我们知道了，我们不知道，孔子也有这种看法。在《先进》篇里，子路问事鬼神，说怎么侍奉鬼神呢，这鬼神它们要求什么。孔子说：“未能事人，焉能事鬼？”我们连侍奉人这种事情都做不好，怎么去侍奉鬼呢。所以这是说，你把人做好了，你也就知道怎么去侍奉鬼了，还是强调要从踏实的角度去入手做人。

下面子路来了一句“敢问死”，我斗胆问死是怎么回事。孔子说“未知生，焉知死”，我们连活着都没弄明白，我们哪里知道死啊。有些问题他也是存而不论，对鬼神狐怪、牛鬼蛇神这种事情，孔子不语怪力乱神，他不说，但是他并不是否定这个世界上有鬼有神。所以对人类不知道的事情，我们应该采取一种理性的限制，我们认识到哪儿就到哪儿。外国哲学家也有这种看法，苏格拉底讲认识你自己，知道你自己的限制。德尔菲神庙，神向人发出的警示：你可知道你自己是谁，你别忘了你是谁。我们神不吃不喝，不生不死，你人类吃喝拉撒，有生有死。

这句话翻译成现在的话特别有意思，就是：知道自己吃几碗干饭。所以“知之为知之，不知为不知”，有的时候我们强不知以为知，认为我们什么都可以做到。我们认为自己完全可以把握社会规律，我们就可以组织一个社会，然后有一种理论和主张推着走，这样很难不

我们要知道自己的限制，这是一种理性精神。

引起灾害的。一个国家几亿人民的吃喝拉撒，哪是一个机构就可以算得清楚呢。强不知以为知，它会导致社会性的大灾害。所以我们谈到康德所谓批判哲学，就是要划分——人类能说清的和说不清的，说得清的是科学，我们给自然立法，一些公式推导出事物了，它就跟万物相合。我们找到杠杆原理，找到气缸原理，就能造出汽车了，这个是人类可以为自然立法的。但是超过这个范围，说有说无都是瞎说。所以康德哲学最终麻烦在他打倒了宗教，我们只能在现象界立法，这个现象的来历都是上帝造的，超出这个现象范围我们说话都是不作数的。海涅写康德高举理性主义大旗向前走，然后回头一看，没人跟他，只有他的老仆人举着旗子往前走，还一边举一边擦眼泪，因为他把上帝弄倒了，还怎么活。

所以，我们说“知之为知之，不知为不知”，人类越是知识多，就越知道自己不知道的东西多，这种态度是永恒的。具体到我们做人，一不自欺，二不欺人，你只有知道你不知道，你才能知道，才能尽量去多知道，这才是真。孔子说“是知也”，或者理解为是智慧也，都是可以的。

具体到我们做人，一不自欺，二不欺人，你只有知道你不知道，你才能知道，才能尽量去多知道，这才是真。

总之，这儿提倡一种老实态度，提倡一种理性精神，提倡一种不断地敞开心扉对待世界、对待未来的知识的精神。因为你觉得你的知识够了，你就封闭了。虽然孔子骂子路，但实际上他说的是好话，这是他们师徒交心的话，是他们师徒之间特定的关系。

对人类不知道的事情，我们应该采取一种理性的限制，

我们认识到哪儿。

第二十三讲

欲速，则不达

子夏为莒父宰，问政。子曰："无欲速，无见小利。欲速，则不达；见小利，则大事不成。"

——《论语 · 子路》

儒家的礼乐理想

子夏做过莒父宰，就是地方官，是地方的行政长官，一把手。

儒家有一个理想，实际上也是孔子办学的一个目标，就是造就一批有德行、有知识的执政人员。在他的心目当中，他对周礼，对周代的体制没有失望。他认为是人心出了问题，不是我们的文化出了问题。周文化问题不大，但是麻烦的是人心出了问题，不能够真诚地对待礼乐。所以“礼云礼云，玉帛云乎哉？乐云乐云，钟鼓云乎哉？”，实际上暗含着你要不拿真诚去对待他，只是耍弄形式，礼就剩送玉帛了，乐就剩敲钟打鼓了。

孔子所要做的就是修复这种裂痕，真正内在的人心和外在的形式一定要统一。他一辈子周游列国，用人道去说服那些列国贵族们：周文化是你们祖上创立的，你们要真心对待，好好对待民众，这样你们能够长久。但是这个道理当时已经讲不通。

孔子要做一个教育家，在前面我们讲过，当子贡问“今日从政者如何”，孔子表示特别厌恶。当时一说到“今日从政者”，孔子的厌恶感就上来了，他说：“斗筲之人，何足算也？”这句话跟他教育的目的有关。

我们在前面就谈到过，孔子这一辈子，少年先没了父亲，中年离了婚，老来丧子、丧学生，而且靠山山倒，靠河河干，一辈子不顺。晚年他准备投奔一个仁爱的君主，楚国有一个楚昭王，很讲人道。结果孔子去投奔他，还没到楚昭王就死了。虽然命运挺坎坷，但是他有一点老人福，就是他教的学生，在他晚年成气候的人不少。另外，多说几句，他还有一个孙子。他的儿子资质平平，但他的孙子很聪明，他大概也比较欣慰。《大学·中庸》篇，有记载就是孔子孙子记录的。

所以对孔子来说，学生的成就是最让他欣慰的。其中冉有做了鲁国季氏的家臣，子贡成为一个有影响力的外交家，子张到地方上去做官，子游做五城宰，子夏做莒父宰，闵子骞还做过费宰。这些人从政，从而开启了中国的一种新的历史小阶段，就是士、有文化的人，而不是有贵族身份的人，进入政治的场合中。

儒家所追求的“学而优则仕”，是部分实现了的。当然，这些人后来有多大的政治成就后人并不太清楚，但是他们有这种才干，有了这样的机会。

子夏为莒父宰，那么这个莒父在哪儿？今天我们没有得出一个一致的结论，但是比较有影响的有两种说法：一说莒父在今天山东省高密市，作家莫言就是高密人，他写了不少那儿的故事，东汉时期的大儒郑玄也是高密人；还有一个说法是今天山东莒县，因为莒这个字跟县名一样。还有其他说法，可信度不如这两个高，山东高密的说法

子骞像

相信的人是最多的。这个我们不必太细究了，因为文献有缺，地名有变，一个地方的地名经常有变化，我们想去追究也难。

无欲速，无见小利

我们接着看下面，子夏要去做莒父的地方官了，当然要问问老师我怎么执政，我应该持着一个什么心态去执政。孔子就告诉他："无欲速，无见小利。"

进入官场，特别容易犯一种毛病，不是贪污，是急于要有政绩。就这一点，会把一个地方弄得乱七八糟。作为地方官，到了一个地方行政，有两个表现，一是一切以这个地方长久的发展为指挥，作为一个合格的县令也好，一个宰也好，到了这个地区，我就是为这个地区服务的。有没有成绩，我的威望是不是因此而提高，不是我优先考虑的，这种人往往不会那么着急。还有一种就是做这个地方官是准备为了将来做更大的官做一个踏板，或者为了出名拿这个地方做筏子。这就坏了，这就开始着急，就要找这个地方做点什么事可以做出政绩，将来填表用。

执政操切，所谓"操切"这个词，我们现在很少用，就是着急，就是做事顾头不顾尾，急于推广自己的一个政令。

有些时候属于方法论不得当，有的时候就是心术不正。一个地方官到了一个地方，先要看一看哪里可以迅速出成绩。这首先就是一个小人之心，在政治家层面，最大的自私可能还不是贪污。给自己将来更大的官位做筹码，这是最要命的。所以孔子一开始就会提一个"无欲速"。当然，这个未必是在说子夏还有更大的企图。

方法论不要超且。有的时候，我倒不是为了升官，到了这个地方，我先让民众佩服我，先得让民众瞧得起我，先得信任我。总而言之，这儿的政治情况是怎么样，我们就如实处置。起了其他念头，不是为了做官，就是为了拉民众，一旦出现这种想法，就很容易造成一种急切心理。孔子说，上来以后就先消除官员的主观主义念头和想法，甚至出现私欲，都不是好政治家。所以孔子先撤销这个念头，不要着急。

在政治家层面，最大的自私可能还不是贪污。给自己将来更大的官位做筹码，这是最要命的。

这是“无欲速”，另外一点是“无见小利”，不要因为一点小利，就开始蠢蠢欲动。为了发展经济，把一些高污染的工业引过来，本来我们这明山秀水，一点小利益就把环境污染了。再治理环境，花的钱比挣得多，这就是“见小利”。古代可能没有污染问题，但是见小利而坏大事的人可不少。我们都知道一个成语叫“唇亡齿寒”，我们也知道一个故事叫“假道伐虢”。假就是借，借虞国的道，虞跟虢都在今天陕西省的南部，黄河北岸，处在河南和山西交界地带。当时晋国想打虢国，就一定要穿越虞。虞国要是明确知道唇亡齿寒这个道理，就不会借路的，但是君主糊涂了。西周建国多少年了，那个君主的能力、智商不比刘阿斗高。这些人专见小利，晋国人就利用这个，用从草原过来的品质好、速度快、吃得少、干得多的马贿赂虞国的君主，而且拿一块玉璧送给他。送的时候，晋国的君主心疼了，这两样东西我也少。有一个人叫“荀息”，就是说你现在给他，将来有一天你把他灭了以后再拿回来，不过是我们这个马从那个牲口棚养到外面的一个牲口棚，而这个璧放到哪儿都是那个璧，它坏不了。

结果就是这么一点利益，让虞国高兴得不得了，以为得了大便宜。然后，就把国门打开，让晋国去伐虢国。头一次这么干了，第二次还这么干。等到第二次，人家把虢国灭了，一回首搂草打兔子，捎带就把虞国灭了。这是最典型的“见小利”坏大事的例子。

有的时候“见小利”还和“无欲速”相关，就是要迅速出成绩，不论发展这个项目多有害，我不管，反正在这儿做几年官，我就走人了。直接给地方老百姓造成损害，不是我的事情。所以孔子这一辈子没从过政，但是孔子一些论政的方式，一些论政的思路，是切中时弊的。就是不要太功利，不要太着急。

这种话在《论语》中还出现过类似的，比如《卫灵公》篇。孔子讲过一句高深的话，他说“君子谋道不谋食”，一个有君子品格的人，他想问题想得大，他不会整天为自己吃饭考虑，怕挨饿、怕吃不到粮食。孔子举了个例子，说：“耕也，馁在其中矣；学也，禄在其中矣。君子忧道不忧贫。”注意这句话，你仔细想：你怕挨饿就种地当农民，农民生产粮食，就挨不了饿。可是孔子说耕是“馁在其中矣”，馁就是饿得慌。你说你怕吃不到粮食去种地，可是挨饿的全是农民。

这是目光如炬、看穿牛皮纸的一句话。多少年，挨饿的都是农民。你不是离粮食最近吗？可你就是吃不到。当然，后面还说了一句话，你要学道，有俸禄。所以这段话在《论语》中是孔老夫子唯一一次显示了老世故的这一面，但是这一面却让我们想很多，这就是要见大不见小。做人做政，都是这个情形，什么是莒父这个地方人民的根本利益，你想清楚了吗？所以一个地方的人民的根本利益，往往和官员的根本利益不太统一。尤其是在一个时代评价官员的方法不得当以后，就会出现乱七八糟胡来的形式。就是《红楼梦》里面讲的，很多官员是戴帽的强盗。这个是孔子讲“无欲速，无见小利”的道理。

欲速则不达

下面说"欲速则不达"。孔子是说：我不怀疑子夏你是有个人企图的，你就是着急。你越着急，越不达，越想快，往往事情越办不成，为什么？因为主观主义。

在汉代，儒生上了台以后就试图把汉代带到尧舜时代去，就开始着急地兴教化，最后汉代反而更乱，为什么？汉元帝上台用了一大批儒生，儒家内心的想法都是主观主义。他们只知道根据经书上讲，汉代应该怎么做。但是汉代实际上犯的毛病是什么，他们没有仔细去研究，所以就是"欲速则不达"。就是在这个"欲"字上，你想快就快吗？尤其是政治，你对一方民众一方水土不了解，你想快就是主观主义。子夏在孔子那里学了几天道，就跑到山东一个地方去执政，他对这儿的民情若是不了解，对这儿的风土气息、自然条件不了解，就想快，这不是主观主义是什么？所以过去有一句话叫按客观规律办事，现在我们很少听到这个，我想，"欲速则不达"，可以用这样的思路去解释，就是你得尊重当地的历史和现状，摸清它的机理，了解它的长和短，慢慢施药，慢慢施政，才能把这个地方治好。这里面一个前提条件就是你的上级也不能太着急。

"欲速则不达"，可以用这样的思路去解释，就是你得尊重当地的历史和现状，摸清它的机理，了解它的长和短，慢慢施药，慢慢施政，才能把这个地方治好。

在朱元璋时期，农民出身的朱元璋最看不得农民受苦，他的好多政策都是为小民考虑，可最终政策都是变成了害小民的。他也是着急，某一个地方官如果三年没有成绩马上撤换，调来调去。后来，有一位官员给他上书就说，这官员走到这儿屁股还没坐热呢，对当地的情况还没了解，你就把他调走了。所以不能够专其职，也不能够久其任，有的时候要给他必要的时间才可以。所以这段话的意思，实际上就是“欲速则不达”。

见小利，则大事不成

在晚清的时候，有一位浙江人叫陈澹然，这个人一辈子不得志，但是很有才华。他曾经有一个文集《寤言二·迁都建藩议》，里面提出一个主张，让清朝为了摆脱列强的控制，把都城迁到今天的湖北去，当然，当时也没人听他的。但是他说了一句话经常被引用，就是“不谋万世者，不足谋一时；不谋全局者，不足谋一域”。一个人没有万世的考虑，他就不能谋一时的利益。如果他没有一个全局观，他也不足以谋一个小区域。这个话写得非常好，完全有资格进入我们民族好语言的词库里面去。

这句话常被人引用，所以见小利了，就没有全局观，没有长期观。为了发展把一个严重污染的东西引进到一个风景优美的地区，这不但不成大事，还坏大事，这就是“见小利”了。我们过去有一句话“十年树木、百年树人”，一个国家百年大计就预示着一种长久的全局的考虑。

这次孔子跟子夏谈如何执政，实际是一次开拓领导胸襟的教诲，首先把自己着急的情绪控制住，如果要有私欲的话也应该控制住。在中国文化当中，不缺好的主张，缺好的办法。一个官员如果没人管他，他就整天私欲泛滥。所以你要看中国的经典，比如《论语》，同时还要考虑如何实施它。所以这段文字，就是孔子教育他的一个启示。

在《论语》中有多处讲到类似内容。比如在《子路》篇，孔子就说“苟有用我者，期月而已可也，三年有成”，假如有人实行我的道，一年我就可以让它出现成效，三年最终才成。这个实际上已经够快了，当然，这是孔子的自信。孔子做过一段时间的中都宰，效果非常好。一些无良老百姓都弃恶从善。其实真正搞乱天下的不是百姓，最后表现为民众造反，那是他活不下去了，他草根、树皮都吃完了，只有死路一条，不造反怎么办，这是逼的。所以像这样一种人心私志，孔子的政治对路，所以才能一年就见成效。

孔子还说过另外跟这个意思相同的话，比如“善人为邦百年，亦可以胜残去杀矣。诚哉是言也”。善人，就是天生心地很好的人，不是说学了圣贤之道的人，就是宅心仁厚的善人。治邦如果到了百年的时候，也可以消除社会上这种残暴之气。这句话说得对呀，他赞成这个话，这就叫治国百年积德。

有的学者认为，善人就是指汉文帝这种人，他想造一个小的宫殿，结果算了算，花的钱是十金，汉文帝就说：我们汉帝国，一个中等之家一年的收成就是十金，我建宫殿，一个小家庭的收入就没有了，算了，不造了。汉文帝能够节俭，所以社会政治消耗少，财富在民众手里就留得多。这样就造成了一种全盛的局面，这就是“善人为邦百年”。孔子强调了一个长时段的，“子曰：‘如有王者，必世而后仁。’”假如有一个王者气派、王者心胸的人，治乱世也得三十年，才能慢慢展现仁道。一世是三十年，三十年后仁道才慢慢见点眉目。另外在《论语·子章》篇里面，孔子谈到政治的四种恶：“不教而杀谓之虐”，对民众没有告诉他们什么是对的，什么是错的，什么是可以做的，什么是不可以做的，你就杀人，这叫虐；“不戒视成谓之暴”，你作为一个长官，没有预先让大家去做充分的准备你就想要成果，这叫暴政，或者叫暴躁执政。注意这句话和“欲速则不达”是相关的。“慢令致期谓之贼”，长官的命令你不执行，以至于很多事都拖拖拉拉，这就是害人贼。所以急于求成是暴政，拖拖拉拉是害政，是害仁政。另外“犹之与人也，出纳之吝谓之有司”，这个“犹”就是图谋。有司，就是职能部门。花点儿钱且在那儿寻思，投点儿资且在那儿舍不得，像个吝啬的出纳员，这种人不适于做一把手，撑死了是个小跟班。注意这段话在《论语》中出现就是“不戒视成”，也是急于求成。

孔子像

做一个治民者

这是我们看到的孔子对子夏的教诲，他里面包含的一些政治的真意。很遗憾的是，后来我们中国古代的政治，尤其是官员政治，关系到官员在为政时想到自己出路的时候，孔子这些话都是失效的。我们的很多官员都是因为科举出来的，都是从小读圣贤书，可是一旦行了政就忘了。所以说光靠圣贤的教诲不解决问题，但我们不读《论语》这些书的话，不用孔子这样的话去正面教育，就会“欲速，则不达”“见小利，则大事不成”。

孔子教育他的学生如何去为政，他的要点就是不要把自己的成败、自己的主观想法，强加到政令上去，应该根据最大利益，根据长远之举去行政。这样做，可能一时半会没有成绩，但是长久地看，起码不害人，不是把一个本来的治民者、养民者，变成害民者。这个是孔子这段话在今天也没有失去价值的地方。

孔子教育他的学生如何去为政，
他的要点就是不要把自己的成败、自己的主观想法，
强加到政令上去，应该根据最大利益，根据长远之举去行政。

第二十四讲 君子之道，孰先传焉

子游曰：“子夏之门人小子，当洒扫应对进退，则可矣，抑末也。本之则无，如之何？”

子夏闻之曰：“噫！言游过矣！君子之道，孰先传焉？孰后倦焉？譬诸草木，区以别矣。君子之道，焉可诬也？有始有卒者，其惟圣人乎！”

——《论语·子张》

子夏的教育主张

这段话见于《子张》篇，是子游说的。

这个时候孔夫子已经不在了，子夏都带门徒了。子夏的那些门人小子，就是子夏的门徒。所以这段文字在《论语》中应该属于更晚。《论语》是孔子的学生和学生的学生编纂整理的，就是因为子夏也带门人了。

说“子夏之门人小子，当洒扫应对进退”是可以的。当，就是做。洒扫，就是扫地。古代小孩子七八岁入小学，先学洒扫应对进退。这就涉及一些小礼儿，就是人生好习惯。《弟子规》是古代另外一本书，里边有不少东西是《礼记》里边抄过来的，只是把它“三字”化了。

《弟子规》这本书我再强调一遍，我是反对这本书的。为什么？你要看这个“礼”，你可以到《曲礼》里去找。《弟子规》里面有些就是大家长制，这个在我们今天的现代教育当中是应该摒弃的。家长是孩子的监护人，你对孩子严，对孩子要求高，都不成问题。但是你别动气性，还动手打孩子。一个人一动手打，咱们不说教育失败，做人都失败了。那里边公然还有这些内容，而且还不让孩子吱声，这个没有道理。这是个毒瘤，它不是疮。很多经典著作中有些是疮疤，但是有些是毒瘤。我不是全盘否定它，但是那个毒瘤很严重。

回到这个字义：洒扫。在《管子》里还有一本书叫《弟子职》，《礼记》里有《曲礼》，《曲礼》就是小礼儿。它们就规定，凡为长者，扫地、除脏物，手拿着簸箕，把笤帚放到簸箕上，由内而退。

我们刚才讲洒扫应对有小礼儿，动作大致就是你要拿这个簸箕，扫完了把这个笤帚放到簸箕上。注意，还要拿袖子把这个簸箕掩盖上，慢慢退出来。不要让尘土掉到长者身上。所以这个就是讲扫地的时候要有一些规矩，这就是“洒扫”。

关于洒水，《弟子职》里也有一些规矩，就是动作怎么做，怎么去撩水，你别溅得哪儿都是。在《曲礼》里规定了这些规矩，另外还有应对，如在“父母之所，有命之，唯应敬对”，就是你在父母家里，父母呼喊你的时候你应该马上就回答。

《曲礼》又说“父召无诺，先生召无诺，唯而起”。意思就是说你爹妈召唤你的时候，你都不能犹豫。马上就是唯一的回应，就是“是”。《曲礼》的规定说“长者问，不辞让而对，非礼也”。这都是什么意思啊？长者问你话：小朋友这个事怎么理解啊，你没有马上就告诉对方，这是不礼貌的。应该谦逊一下说：我年纪小，这个事情我不懂。然后长者再问你，你再回答。你知道谦让一下，这都属于应对时候的一些礼仪。

还有“进退威仪”，什么叫“进退威仪”？在《曲礼》当中有“俨若思”，意思是要恭敬。要坐在那儿像个样子，要若有所思，就是说不要太轻浮。还规定“坐如尸，立如齐”。这就是我们说站有个站相，坐有个坐相。

北京大学熊十力先生有一个得意门生，这个人成就很高，但就是行为不检束。结果有一次梁漱溟先生就问说：熊先生，某某学生站没个站相，坐没个坐相，他哪儿好？这就是违背了老牌儒家要讲一个人站有个站相，坐有个坐相。这种规矩从什么时候讲起的？从先秦时候讲起。比如像“坐如尸”，坐着的时候要端端正正。“尸”不是尸体的意思，尸是古代祭祖的时候，找一个同姓的小辈小孩子，在那儿装祖宗。往那儿一坐，不许说话，不许乱搭话，要装得端庄，这就是坐如尸。“立”，立在那儿，像斋戒一样，要直。

另外还说“听于无声，视于无形。不登高，不临深，不苟訾，不苟笑”。就是说不要无缘无故登高，无缘无故去深渊旁边徘徊，另外不瞎嚷瞎笑，这都属于行为规范。

这种行为规范里的有些东西在我们今天过时了，有些东西还没有过时。比如说“将上堂，声必扬之”。你到人家里去，人家屋子在庭院里，你发现人家屋子里有人在那儿坐着说事。注意，你要在庭院里高声喊一声，不要蹑手蹑脚就过去了。为什么？妨碍对方。人家两人在那儿谈话，有些话可能不需要外人听到。你走到庭院里就喊“在家吗”，高喊一声这叫扬声，提醒对方我来了。而且《曲礼》里说，中国古代人的生活习惯，跟今天日本差不多，是席地的，所以鞋脱在房外边。如果你发现门外有两双鞋的时候，有人在里边谈话，你要扬声。另外，入门以后眼光不要在那儿东看西看，眼睛不够使，这是不可以的。

还有些规定，虽然没什么道理，但是今天我们还在执行。比如说我们进人家门的时候，不踩人家门槛。像我们小的时候，家里就经常说：你进门踩人家门槛，这是不好的，要迈进去。另外就是坐在床上，或者北方的炕帮（就是指炕有个墙）上，坐在那儿两个鞋后跟咚咚咚咚敲，这是不吉利的。一直到现在，小孩子也是那样。所以有些还是可以理解的，比如说你进人家门，你不要当不当、正不正地站在门那儿，因为你妨碍别人出入。如果我们一块儿到人家家里去，后面有人的话，关门的时候，我们给人随手把门留一下。你进去把门一关，后面的人怎么办？这样不礼貌。在吃饭的时候，尤其是吃肉时，刀子不在对方跟前，别人跟你拿刀子，你把刀子递给别人的时候要注意，别刀刃冲人家，一般都是把刀背给人家，这也是礼貌。另外，古代席地而坐，坐在那儿你别把腿叉开，妨碍别人。吃饭的时候还有些规矩，我们今天也是在讲究的，吃饭不许出声，吃的时候声音很响，这个也是不礼貌的。

但是礼嘛，就是一个风俗，一种规范。比如你在日本，你要吃面条不出声，人家觉得你对这个味道有意见，所以一定要出声。最后还要高喊一句“我吃饱了”。风俗不同，所以我们有的时候需要入乡随俗。这都是我们看《曲礼》看到的古代的一些讲究。有些讲究今天还在讲，它是有道理的，比如在盛饭的时候不许拿手沾饭。今天我们到商店挑一些食品的时候，你可以挑，但不要扒拉。如果有工具，你最好用那个工具，别直接用手，因为不礼貌。你的手未必有多脏，但是你扒拉人家东西，那对别人是不尊重的。

在《曲礼》里我们还看到一些洒扫应对等最基本的小礼儿，防止人无聊。其中有这么“几不问”，比如你到北京来，你是朋友，但是我不能提供你住处，我最好不问你有没有住处。我不能提供你钱财，我最好不问你有没有钱，反正有这么“几不问”。朋友从外地来了，你问有没有住处啊，人家回答说没有，你怎么回答？你说哎哟，我也帮不了你。你问别人钱够吗，人家说不够，你说我也帮不了你。帮不了还问？你这叫无聊。所以它是防止这种无聊事情的发生。这种中国的礼节，借用礼书的话就是要尊重别人，把方便留给别人。这是人和人相处的一个基本道理。

但是这些东西，注意什么时候学。有一句不见于《论语》的话，是《礼记》里面讲的“少习若天成”。当然后边还可以加一句“习惯成自然”。这种话是不是孔子讲的，有些文献说是。教一个人行住坐卧的规矩，这个要从小教。有些规矩今天还管用，有趣的是，比如说我们跟长者说话的时候，长者弯腰问我们，如果我们脸离别人特别近的时候，答话要捂住嘴。《礼记》里特别提醒要掩着嘴，因为怕你的口气冲撞别人。有时候我们可能因消化不良或者身体不好，会有口气，捂嘴这是给人带来方便。另外是说讲卫生，在古代行礼的时候，杯子洗完了都要把水滴干。在乡饮酒礼里，大家共同使一个器具的时候，总要洗它。

一个外国学者叫比奥，这个人曾经研究过《周礼》。比奥就说：两千五百年前，中国人在用器具的时候强调讲卫生，这是个文明的标志。实际上古希腊人、罗马人都很讲究，不过欧洲到了中世纪，就坏了。有一位学者叫诺贝特·埃利亚斯，他写《文明的进程》就谈到，欧洲文明自古希腊、罗马结束了以后，到了十三世纪，随着市民阶层的发展，才开始出现了这些规范。比如说勺子怎么使，叉子怎么使，鼻涕怎么蹭，等等，都开始出现了一些规矩，这是文明。

实际上在古代，我们看礼书里，中国人讲卫生的习惯很好。在《曲礼》里就说：不管天再热，你作为一个君子，不能把衣服全脱了。为什么？一不卫生，二不雅观。可是就像欧洲的中世纪，文明有的时候会往下坠，然后再恢复。我们不要以为今天所有人就比古代人都文明了，可能不是那样。现在光膀子、随地吐痰、到处大声嚷嚷等现象比比皆是，所以这些习惯要从小培养。像我们生在六十年代早期，八十年代才受高等教育的这批人，我们自己要承认，在很多行为方式上是很少讲究的。这不怨我们，因为从小没人跟我们提这个。所以在这点上，我们可能就不如我们的孩子这一辈。就我个人而言，经常被我女儿提醒注意素质。因为我们小的时候有些东西没有接触，可是后来我们研读这些经典发现，所谓应对洒扫这是要从小教的。它是一个习礼，做君子的一个基础。

子夏和子游的分歧

回到这段文字，“子夏之门人小子，当洒扫应对进退，则可矣。”子游说：哎哟，现在跟着子夏学习的这帮青年人，讲点小礼儿，讲点人生规矩啊，挺不错，但这是细枝末节。作为一个儒者来说，还有大的一面，大致像内圣外王之道，修身齐家治国平天下这种本领，他们没有。他们就是在做好一些凡俗的事情，做得有规有矩，就是缺点大志向。

这就涉及子游和子夏的分别。按照韩非子《显学》篇讲，后来“儒分为八”，儒家分成了八派。子游和子夏不是一派。当孔子去世了，他们各自带门徒的时候，每个人的学风就出来了。子夏这个人，

子游像

我们在前面讲过他一些事情，他在传播儒家经典时，对书本知识这方面是有特殊贡献的，所以《诗经》《周易》都说是从子夏这里传的。他们都属于四科十哲，有德行科、政事科、言语科、文学科，子游和子夏都在文学科里边。子游就对子夏的教学方法提出批评了：你光重视这些具体的，你没有远大理想的灌输，这不行。

结果子夏毫不示弱，反唇相讥，来了句："噫！言游过矣！"言游就是子游，子游姓言，名偃，字子游。说"言"就像是开始称呼他的姓。称他的字，也还是算亲切。例如清代的胡林翼，不叫胡林翼，叫胡润芝，姓胡字润芝。他不叫他言偃，叫言偃就太不礼貌了。他们是同学，虽然有意见，但是还叫他的字。说：这个言子游先生！

古代人称名、称姓、称字不一样，上级在正式场合，对下级统统称名，不能称字。但是在日常状态下还是称字，表示亲切。另外在自己老师和上级面前，你自称不能称字，得自称名字。所以我们在前面讲过，公西华说"赤也惑"，注意，公西华字子华，那是他的字。当他自己对老师说话自举名字的时候，他不能说"华也惑"，是"赤也惑"，赤是他的名字。

"言游先生，你说错了。"这还是同门内部比较客气。说君子之道，哪个先传，哪个后传呢。也就是儒家之道，儒家做过君子这个道。这大意如此。

这儿有一句话"孰先传焉？孰后倦焉"。这句话根据古代的注释怎么解释呢，就是先传的就先累，后传的就后累。倦就是疲惫，就是懒了。实际上这句话是一个互文形式，是哪个先传先停止，哪个后传后停止呢。实际意思是说：从哪儿传起，从哪儿结束，就像草木一样是有区别的，这片草，那片菜，我们得分片种，得分片来对待。言外之意就是说：现在教的这帮门人小子，你现在就教他儒家那些治国大道，他听得懂吗？就像他们还是中小学生，你现在讲微积分、高等物理、量子，他哪听得懂。这就像草木得分成片来。所以君子之道怎么可以这么诬，“诬”有点胡扯的意思。讲君子之道，怎么可以胡扯呢。这就是对言游不满意了。

说教到最后，“有始有卒”，能够浅的也了解了，深的也了解了，洒扫应对也可以了，大志向也可以了，把它有始有卒地最后学下来，那是圣人了。言外之意，我现在还不能用这种高标准要求他们。所以这段话就强调了子夏对子游这种批评的不满意，认为子游这样要求有点不切实际，学生的程度还不到，我就像草木一样，一片一片由浅入深地慢慢教。所以批评了子游。

子游之道

这段话涉及一个人，子游。

子游这个人在后来的文献中出现了几次，是表现得非常聪明的一个人，是一个很有智力的人。他也做过武城宰，是孔门四科十哲之一。有一段话给我们留下了一些特别印象，是子游在做武城宰的时候，孔子来到武城。《阳货》篇记载说：“子之武城，闻弦歌之声。”到了武城，他听到礼乐的声音，有人在那儿歌唱。因为武城是个小地方，相当于今天县城。结果夫子莞尔而笑，就是不经意就笑了。说“割鸡焉用牛刀”，说杀只鸡怎么还用刀啊。言外之意，这个地方办起礼乐了。

你注意看，从这个地方我们看到言偃治民的时候，治小地方他用礼乐，用一把牛刀去治。结果子游一听也不满意了，然后他就对老师的意见有点批评之意，但是非常委婉了。说：“昔者偃也闻诸夫子曰：‘君子学道则爱人，小人学道则易使也。’”偃就是他的名字。君子学了道，知道爱别人。小人学了道，也容易被领导。

结果孔子一听，跟其他同学说：“二三子！偃之言是也。前言戏之耳。”子游的话是对的，我前面是开玩笑。这个地方能看出子游的为人，是一个很讲究往高处走的。过去佛教的说法，有些老师是早晨的太阳，只照高山，不照峡谷。就是有些老师专门教聪明人，教那些优等生。他只讲高处，学生能够迅速成才，当然，建立在他的那些学生能跟上的基础之上。还有些老师是中午的太阳，高山峡谷一块照，这就是门庭不一样。

我们用这种话来看子夏和子游，子游就是早晨的太阳，门风陡峻，不够格他不接受你。你看他治民，很郑重地拿大家伙治小地方，他是拿大锅烹小鲜，他有这个气象。

另外，在《雍也》篇也谈到了子游的一件事情，并记录了下来，我觉得这个事情能看出子游的确是很有见识的一个人。《雍也》篇里记载：“子曰：‘女得人焉耳乎？’”子游做武城宰回来了，见孔子，孔子问他：你发现人才了吗？

注意，这有儒家的最基本的关怀，举贤才是儒家特别在意的。在非《论语》，但是也相对可靠的文献《孔子家语》里，孔子曾经说过这样的话，有人当着孔子赞美管仲。孔子说：我倒觉得子皮不错，我倒觉得鲍叔牙不错。因为子皮可以做宰相，却把位子让给子产，他在后边托着。鲍叔牙可以做宰相，但是鲍叔牙把位子让给管仲了。可是，子产死了郑国没人，管仲死了齐国也没人，不重视贤才。所以举贤才很重要，师徒一见面就问你发现人才了吗。

结果子游说还真有：“有澹台灭明者，行不由径，非公事，未尝至于偃之室也。”注意，子游回答说有，有一个叫澹台灭明的，这个人叫子羽。关于这个人，儒门里也有很好玩的传说，说他长得特别丑。孔子见了以后，吓得一激灵，就对这个澹台灭明不在意。结果后来，澹台灭明有些事迹触动了孔子，孔子自我批评，道歉说“以貌取人，失之子羽”。说他长得这么丑，我就没大看上人家，这是以貌取人，我走了眼了。

澹台灭明他怎么是个贤人，后边有两个原因，我们要注意这两个原因对子游来说很不简单。

第一点是“行不由径”，就是走路不抄小道。我们知道有很多田地，方方正正，有些人为了自己方便，苟且踩出来一个道。俗话有一句：人怕有外号，地怕有小道。一块方田中间给踩出一个斜线来，浇地也没法浇，耕也没法耕，而澹台灭明不干这种事情，“行不由径”。

第二点，没有公事，从来不到我言偃的办公厅里来套磁。这个人一不苟且，二不巴结，是个正直的人。不为了自己一时方便就踩了人家的路，也不为了巴结，整天往我官厅里跑，往我办公室跑，说好话、送礼。这是澹台灭明方正的品格。

我们读这段文字，还要有个感受，就是子游的心胸，能从不巴结自己这一点，看出这个人品质好。这就是儒者的胸怀，这就是子游。

君子儒与小人儒

我们回过头来看子游的性格，这样一个人，这样的一种气度心胸，可不就是对那些应对洒扫规矩教得很详细、通大道方面无所作为的事情瞧不起。过去大学生辩论赛经常有这样一个题目，“一屋不扫何以扫天下”，另外一个反命题就是“专扫屋子怎么能扫天下”。子夏和子游实际上各有一篇，但是从总体看，子夏教学大概讲基础的东西比较多，所以这种老师，适合给孩子开蒙。真正教导孩子成就大事，做一番事业，大概还得需要子游这样的人。这就是入学分派，这就是龙生九子，一个父亲生多个儿子，一个儿子一个样。不是有这样的话吗，一棵树上的果子酸甜不等。

这段话里后来衍生出一个成语，叫“有始有终”，不是有始有卒。因为有始有卒这个“卒”字读音哑闷，不如“终”响亮。所以圣人治学就是可以一下子从开头学到尾，或者一下子从高就到低，这是圣人才做得到的。子夏说我办不了，我要从基础打起。从教学上讲，子夏没有错，子游的那个要求也是必须得关注的。如果我们光讲基础的东西，光讲这些小礼儿，光讲洒扫应对这些事情，而没有在大道上进行教诲，这也是失败的。因为儒家实际上有“君子儒”和“小人儒”这种分别。这段话恰恰也是孔子在《雍也》篇里教育子夏，“子谓子夏曰：‘女为君子儒，无为小人儒。’”这段话很值得我们关注，在孔子那个时代就分两种儒：一种小人儒，小人儒可不是坏人，就是没出息，就是做一些典礼之类的事情；另一种君子儒，君子儒就是把小人儒改造提升了以后的儒。我们今天有“新儒家”这个说法，按照我们现在的理解，孔子那个儒就是新儒。

过去，胡适写了一篇很重要的文章，叫《说儒》。他说“儒”字有意思，右边是个需要的“需”，左边是个单立人。他就观察这个字，他说你看了吗，凡是从需字的汉字，你加个三点水读“rú”，有软的意思。你加个竖心读懦，懦弱也有软的意思。你加个米字旁读“nuò”，糯米不但软还黏。你加个儿子的子吧，小孺子当然软了，站不起来。凡是跟“需”相关的字，加一个偏旁都是柔柔弱弱的意思。所以他说儒就是指一批柔柔弱弱的人，谦逊、柔弱。不是身体柔弱，是态度。他说这种儒的前身就是殷商遗民。西方有一句话：在武力上，罗马征服了希腊；可是在文化上，希腊征服了罗马。于是好多有文化的殷商人跑到周家来帮助人家典礼。儒生最擅长的就是典礼，婚丧嫁娶的礼他们特别熟。但是这些人又是先朝的遗民，他们到贵族家